둥글둥글 지구촌
종교 이야기

함께 사는 세상 1

둥글둥글 지구촌
종교 이야기

초판 1쇄 발행 2007년 2월 26일 | 초판 9쇄 발행 2016년 9월 27일
글쓴이 크리스티네 슐츠라이스 | 그린이 베르너 티키 퀴스텐마허 | 옮긴이 임미오
펴낸이 홍 석 | 기획위원 김경연 | 편집진행 전소현·이은희
디자인 서은경 | 마케팅 홍성우·김정혜·김화영
펴낸곳 도서출판 풀빛 | 등록 1979년 3월 6일 제8-24호
주소 서울특별시 서대문구 북아현로 11가길 12 3층 (북아현동, 한일빌딩)
전화 02-363-5995 (영업) 02-362-8900 (편집) | 팩스 02-393-3858
전자우편 kids@pulbit.co.kr | 홈페이지 www.pulbit.co.kr

ISBN 978-89-7474-994-1 73200
　　　978-89-7474-913-2 (세트)

WAS GLAUBT DIE WELT? by Christine Schulz-Reiss
All rights reserved.
Copyright ⓒ 2004 by Loewe Verlag GmbH, Bindlach
Korean Translation Copyright ⓒ 2007 by Pulbit Publishing Co., Seoul, Korea
This Korean edition was published by arrangement with Loewe Verlag GmbH, Bindlach
through PROPONS Agency, Seoul, Korea

이 책의 한국어판 저작권은 프로폰스 에이전시를 통한 Loewe Verlag GmbH와의 독점 계약에 의하여
도서출판 풀빛에 있습니다. 신 저작권법에 의하여 한국 내에서 보호를 받는 저작물이므로
무단 전재와 무단 복제를 금합니다.

이 책의 국립중앙도서관 출판시도서목록(CIP)은 서지정보유통지원시스템 홈페이지(http://www.seoji.nl.go.kr)와 국가
자료공동목록시스템(http://www.nl.go.kr/kolisnet)에서 이용하실 수 있습니다.(CIP제어번호 : CIP2007000411)

* 책값은 뒤표지에 표시되어 있습니다.

품명 아동 도서	사용연령 10세 이상
제조국 대한민국	제조년월 2016년 9월 27일
제조자명 도서출판 풀빛	연락처 02-363-5995
주소 서울특별시 서대문구 북아현로 11가길 12 3층 (북아현동, 한일빌딩)	
주의사항 종이에 베이거나 긁히지 않도록 조심하세요.	
책 모서리가 날카로우니 던지거나 떨어뜨리지 마세요.	
KC마크는 이 제품이 공통안전기준에 적합하였음을 의미합니다.	

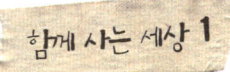

둥글둥글 지구촌
종교 이야기

크리스티네 슐츠 라이스 글
베르너 티키 퀴스텐마허 그림
임미오 옮김

작가의 말
종교, 행복과 평화로 가는 길

우리는 어디에서 와서 어디로 가는 걸까? 태어나기 전 어디에 있었는지, 이 세상을 떠나면 어디로 가는지에 대해 생각해 본 적 있니?

사람들은 늘 이런 것들을 궁금해했어. 아시아에 살든 유럽에 살든 아프리카에 살든 상관없이 말이야. 인류가 세상에 나타난 뒤로, 그러니까 수천 년 전부터 많은 종교들은 이런 '초월적' 질문에 대한 답을 찾기 위해 노력해 왔지. 하지만 아무리 똑똑하다 해도 이 질문에 대한 답을 쉽게 찾을 수는 없었어. 게다가 각각의 종교는 우리가 왜, 어떤 목적으로 이 세상에 있는지, 어떻게 살아가는 것이 올바른 것인지에 대해 조금씩 다르게 설명해 주었지.

이 책은 세계의 대표적인 다섯 가지 종교에 관한 이야기야. 힌두교, 불교, 그리스도교, 유대교, 이슬람교 이야기지. 이 책을 읽다 보면 각각의 종교가 어떻게 시작되었고, 무엇을 믿고 따르며, 어떻게 변해 왔는지, 그리고 종교마다 어떤 특별한 의미를 지니고 있는지 알게 될 거야. 그러나 무엇보다 가장 중요한 것은 각각 종교의 목표가 하나라는 거야. 바로 사람들에게 행복과 평화로 가는 길을 가르쳐 주는 거지.

이 책을 통해 각각의 종교가 추구하는 공통된 목표와 바람을 이해하고, 그것을 통해 서로 믿는 것이 달라도 함께 더불어 사는 세상을 만들 수 있다는 것을 알게 되었으면 좋겠어.

2007년 1월
크리스티네 슐츠-라이스

차례

작가의 말 • 5

 힌두교 이야기 • 9

 불교 이야기 • 37

 유대교 이야기 • 65

 그리스도교 이야기 • 95

 이슬람교 이야기 • 125

찾아보기 • 154

힌두 교도들의 최고 목표는 '나'라는 생각에서 벗어나는 거야.
그렇기 때문에 힌두 교도들의 영혼은 자유로워야 해.
육체로부터, 감정으로부터, 고통으로부터, 그리고 기쁨으로부터.
자기 자신에게서 벗어나는 것은 힌두 교도들에게 행복보다
훨씬 더 아름다운 것이야. 하지만 거기로 가는 길은 쉽지 않아.
왜냐하면 그 길에 가기 위해서는 천 번도 더 다시 태어나야 하기 때문이지.
그래야만 비로소 힌두 교도의 영혼은 영원한 안식에 이르게 된단다.

힌두교 이야기

힌두교 이야기

세상을 돌아다니는 빗방울 • 11
다시 태어난다면 • 12
사라져 버렸으면 좋겠어 • 14
모크샤로 가는 길은 어디예요 • 15
내가 할 일은 내가 • 16
좋은 성적표 나쁜 성적표 • 18
카스트에 따라 하는 일도 달라 • 19
신들은 모두 한 식구 • 20
신들의 이야기 • 20
갠지스에서 목욕하기 • 21
아이들의 신 브라흐마 • 23
정의의 신 비슈누 • 23
파괴의 신 시바 • 25
신성한 소 • 27
신의 노래 바가바드기타 • 28
구루와 함께 숲 속으로 • 29
아아아아우우우우움 • 31
다채롭고 즐거운 축제들 • 32
전 아직 결혼하지 않았어요 • 33
유럽의 힌두교 축제 • 34

세상을 돌아다니는 빗방울

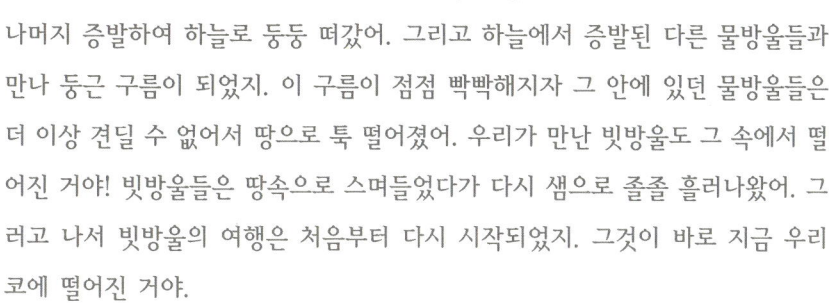

- 빗방울이 우리 코에 떨어졌을 때 그 물이 어디에서 왔을까 생각해 본 적 있니?
- 물론 빗방울은 구름에서 떨어졌을 거야.
- 그런데 물이 어떻게 구름까지 올라갔을까?
- 맨 처음 물은 샘에서 쏟아져 나와 시내로 흘러갔어. 시내는 강으로 흘러갔고, 강은 바다로 흘러갔지. 햇빛이 뜨거운 더운 날, 바닷물은 땀을 너무 많이 흘린 나머지 증발하여 하늘로 둥둥 떠갔어. 그리고 하늘에서 증발된 다른 물방울들과 만나 둥근 구름이 되었지. 이 구름이 점점 빡빡해지자 그 안에 있던 물방울들은 더 이상 견딜 수 없어서 땅으로 툭 떨어졌어. 우리가 만난 빗방울도 그 속에서 떨어진 거야! 빗방울들은 땅속으로 스며들었다가 다시 샘으로 졸졸 흘러나왔어. 그러고 나서 빗방울의 여행은 처음부터 다시 시작되었지. 그것이 바로 지금 우리 코에 떨어진 거야.

힌두 교도들은 빗방울처럼 자신들의 삶이 영원히 되풀이하여 돈다고 생각했어. 힌두교는 세계에서 가장 오래된 데다가 세 번째로 큰 종교야. 약 8억 명 정도의 사람들이 힌두교를 믿지. 우리나라 사람의 열한 배에 이르는 숫자야. 이 힌두 교도들의 대부분은 인도인인데, 힌두교의 5분의 4 이상을 차지하고 있어.

힌두 교도들은 죽음으로 삶이 끝난다고 생각하지 않아. 계속해서 다시 태어난다고 믿지. 거기에는 다 이유가 있어. 세상에는 모든 것을 끌어안는 엄청나게 큰 영혼이 떠다니고 있는데 힌두 교도들은 이 영혼을 브라만이라고 부르지. 물론 힌두 교도들은 사람들에게도 영혼이 있다고 믿어. 그들은 사람의 영혼이 더 큰 세상의 영혼과 하나 되는 것을 목표로 삼는단다. 이 목표를 이루기 위해서 사람의 영혼은 몸을 가지고 살아야 해. 하지만 사람이 한 번 태어나는 것으로는 목표를 이루기 힘들기 때문에 사람의 영혼은 거의 끝없이 되풀이해서 태어나 계속 세상으로 돌아오는 거야.

다시 태어난다면

- "다음에는 암고양이로 태어나야겠다!"
 안나의 아빠는 수고양이 필로우가 안나에게 다정스럽게 대하는 것을 보고 질투심에 가끔 이렇게 말하곤 한다.

물론 안나 아빠의 말은 농담이야. 안나 아빠는 다시 태어날 수 없어. 하지만 어른들은 가끔 자신들이 다시 태어날 수 있다는 꿈을 꾸곤 해. 지금까지 자신들의 삶이 너무 좋았거나 혹은 되돌아봤을 때 몇 가지 후회되는 일이 있기 때문이야. 하지만 대부분의 사람들은 다시 태어난다는 것을 믿지 않아. 죽으면 삶이 끝난다고 믿지.

그러나 힌두 교도들은 그렇게 생각하지 않아. 힌두 교도들에게 안나 아빠가 하는 말은 결코 장난이 아니야. 하지만 영혼은 하늘에서 떨어지는 빗방울처럼 단순한 모습으로 세상에 다시 나오는 게 아니야. 영혼은 훨씬 여러 가지 모습으로 태어날 수 있어. 고양이의 몸으로 세상에 돌아올 수도 있고, 돼지나 닭, 달팽이, 벼룩 심하면 바위 같은 생명 없는 물체로 세상에 돌아올 수도 있어. 전생에 얼마나 착하게 살았느냐에 따라 달라지지.

　몰래 꿀단지의 꿀을 훔쳐 먹은 아이는 다시 태어났을 때 새가 되어 하늘을 날아야 할지도 몰라. 또 책을 훔친 사람은 다시 태어났을 때 장님이 되어 돌아다닐지도 모르지. 음식을 훔쳐 먹은 사람은 심하면 메뚜기로 태어나 살아가야 할지도 몰라. 살인자는 돼지나 낙타 혹은 염소로 태어나 우리 안에 갇혀 지내야 할 거고. 혹시 하수구에서 나오는 쥐가 전생에 곡식 도둑이었을지 누가 아니?

　힌두교에 따르면 사람은 어쨌든 다시 태어난다고 해.

　"정말 좋네! 두 번째 기회가 있잖아!"

　우리는 이렇게 생각할지도 모르지만 힌두 교도들은 전혀 그렇게 받아들이지 않아. 힌두 교도들은 끊임없이 다시 태어나는 것을 원하지 않거든. 왜냐하면 힌두 교도들에게 무엇인가로 다시 태어나 살아간다는 것은 고통이기 때문에 끊임없이 다시 태어나는 고리를 끊어 버리고 싶어 해. 힌두 교도

들의 최고 목표는 영혼이 떠도는 것에서 벗어나는 거야.

이 목표를 힌두교에서는 모크샤라고 하는데, 완전한 해방이라는 뜻이야. 모크샤에 이르면 영혼은 쉬게 되고 더 큰 세상의 영혼 속으로 들어가게 되지. 물론 그렇게 되기까지는 수십만 년이 걸릴 수도 있어.

사라져 버렸으면 좋겠어

아뿔싸! 페터가 축구를 하다가 공을 이웃집 창문으로 차 버렸어! 쨍하며 유리가 산산이 부서졌지 뭐야. 이제 어떡하지? 도망갈까? 아니면 이웃집으로 건너가서 솔직히 말하고 용서해 달라고 빌까? 아니면 엄마에게 말하고 해결해 달라고 할까? 하지만 엄마는 야단부터 칠 거야. 그리고 페터에게 저금통을 털어서 유리창 값을 물어 드리라고 할 거야. 게다가 벌도 엄청 받을 거고. 페터는 가슴이 콩닥콩닥 뛰었어. 지금 페터가 가장 원하는 것은 이 자리에서 사라져 버리는 거야. 씻은 듯이 사라진다면 얼마나 좋을까!

페터가 바라는 대로 사라져 버릴 수 있다면 얼마나 좋을까? 모든 걱정이 없어지겠지. 더 이상 두려움을 가질 필요도 없을 거야. 그 무엇도 우리를 아프게 할 수 없고, 그 누구도 우리에게 나쁜 짓을 할 수 없을 거야. 그리고 실패할 일도 없을 거고. 뭔가 우리에게 우울한 일이 생겼을 때 그 자리에서 사라져 버릴 수 있다면 정말 멋질 거야. 하지만 더

이상 다른 신나고 멋진 일들을 해 볼 수 없다는 건 좀 아쉽기도 해.

힌두 교도들은 '나'라는 생각에서 벗어나고 싶어 해. 왜냐하면 그들은 모든 것으로부터 자유로워야 한다고 생각하기 때문이지. 힌두 교도들은 실제로 존재하는 건 아무것도 없다고 믿어. 물론 그들도 우리와 똑같이 보고 듣고 느끼고 맛을 볼 수는 있지. 그러나 이것은 아직 '나'라는 생각에서 완전히 벗어나지 못했기 때문에 그런 거야. 힌두 교도들은 살면서 느낄 수 있는 어떤 재미보다 '나'를 벗어나 자유로워지는 것이 더 가치가 있다고 믿어. 일상에서 느끼는 재미는 금방 싫증이 나서 또 다른 재미를 찾게 되기 때문이지. 행복한 사람은 그 행복이 오래 이어지기를 바라거나 더 큰 행복을 바래. 계속되는 욕심이 자신을 괴롭히는 거지.

하지만 바라는 게 있는 한 - 그것이 설사 지금의 행복이 영원히 이어지는 것이라 해도 - 자신의 영혼은 자유롭지 못하단다. 영혼이 자유로워야 '나'라는 생각에서 벗어날 수 있는데 말이야.

모크샤로 가는 길은 어디예요

모든 힌두 교도들은 영혼이 떠돌아다니는 동안 많은 일을 해야 한단다. 더 이상 태어나지 않기 위해서, 다시 말해 모크샤에 이르기 위해서 힌두 교도들은 그들만의 질서의 법칙들을 따르면서 생활을 하지. 그렇기 때문에 힌두교의 또 다른 이름을 사나타나 다르마, 즉 영원한 법칙이라고 한단다.

모든 힌두 교도들은 거짓말하지 않기, 도둑질하지 않기, 다른 사람이 가

진 것을 부러워하지 않기, 남의 부인이나 남편을 빼앗지 않기, 그리고 다른 사람을 헐뜯지 않기 등의 규칙을 지켜야 해. 그러나 가장 중요한 규칙은 폭력을 사용하지 않는 거야. 동물에게도 폭력을 사용하면 안 돼. 모기 한 마리도 불쌍한 영혼일 수 있기 때문이지.

또 믿음이 강한 대부분의 힌두 교도들은 고기를 먹지 않는 채식주의자인데, 이것 또한 소나 닭이나 돼지 혹은 노루 속에 친척의 영혼이 살고 있을지도 모른다고 생각하기 때문이야. 물론 모두 그렇게 생각하는 것은 아니야. 다른 식사법을 모르거나 고기가 맛이 없어서 채식을 하기도 하지.

내가 할 일은 내가

힌두 교도들에게는 영원한 법칙 말고도 지켜야 할 규칙이 또 있어. 그것은 영혼마다 조금씩 다를 수 있지만 모두 이 규칙에 따라야 하지. 왜냐하면 힌두 교도들이 얼마나 성실하게 맡은 일을 해내느냐에 따라 다음 세상에 어떤 모습으로 돌아올지가 결정되거든. 뿐만 아니라 힌두 교도들의 최종 목표인 끝없이 다시 태어나는 고리에서 벗어나는 것도 이 일에 달려 있어.

- "너무해요! 내 친구 가운데 매주 방 청소를 하는 애는 나밖에 없어요."
- 수잔네가 엄마 아빠한테 투정을 부리고 있어.
- "난 다른 애들은 관심 없다! 우리 집 규칙은 일주일에 한 번은 자기 방 청소를 하는 거야. 딴말은 필요 없다!"
- 아빠가 엄하게 말하지.

"우리 집에는 우리 집의 규칙이 있어! 그러니 그걸 지키렴!"

가끔 엄마 아빠가 이렇게 말할지도 몰라. 힌두교에서도 마찬가지야. 힌두교에서는 "남의 일을 잘 도와주는 것보다 자신이 맡은 일을 부족하더라도 끝까지 해내는 것이 더 낫다."라는 말이 있어.

- 수잔네의 아빠도 비슷한 생각이야.
- "그렇지만 나는 어제 친구가 동물 우리 청소하는 것도 도와줬다고요!"
- 수잔네는 하기 싫은 방 청소를 미루기 위해 꾀까지 쓰고 있어.
- "그 친구는 좋겠구나! 하지만 넌 그것과 상관없이 여기 네 방 청소도 해야 해!"
- 수잔네의 아빠는 담담하게 말했어.

좋은 성적표 나쁜 성적표

- 마르쿠스는 게으름뱅이야. 다른 건 다 열심히 하
- 는데 공부는 죽어라 안 해. 엄마 아빠는 야단을 치
- 고 선생님은 빵점을 준다고 경고까지 했어.
- "하면 되지 뭐. 조금만 놀고 바로 공부 시작할 거야."
- 마르쿠스는 이렇게 생각했어. 다행히 늦게라도 열심히 해서 한두 개 괜찮은 점수
- 가 나오기는 했지만 빵점도 두 개나 있었어. 마르쿠스는 다시 시험을 쳐야 했어.

이런 시험을 힌두 교도들은 죽을 때까지 치른단다. 힌두 교도들은 죽을 때 자신이 살면서 한 일에 대한 성적표를 하나씩 받게 되는데, 그것을 카르마라고 해. 다른 말로 업이라고도 하지. 카르마는 과거에 했던 행동이 다음 생에 끼치는 영향을 말해. 카르마는 점수를 두 가지로 매기는데, 착한 행위는 푸냐로, 나쁜 행위는 파파로 적는단다. 그러니까 한 생명체가 죽을 때 받는 성적표에 푸냐가 많으면 좋은 카르마이고 파파가 많으면 나쁜 카르마인 거지.

이 성적표에 따라 영혼이 다시 태어날 때 어디로 갈지가 결정돼. 나쁜 점수가 많으면 영혼은 다음에 불쌍한 벌레로 태어나 기어 다녀야 할지도 몰라. 반대로 카르마에 좋은 점수가 더 많으면 다음에 인간으로 태어날 가능성이 높아지지. 좋은 점수가 많을수록 영혼은 더 좋은 곳에 갈 수 있어.

또 힌두교에서는 사람의 계급이 정해져서 태어난단다. 이 계급을 카스트라고 부르는데, 사람이 살면서 할 수 있는 일을 정해 주지. 예를 들면 어떤 사람이 더러운 일을 해야 하고, 어떤 사람이 책상에 앉아서 생각하는 일

을 해야 하는지, 누가 힘든 육체 노동을 해야 하고, 누가 다른 사람에게 명령을 내리는 일을 해야 하는지 정해 놓는 거야. 카스트를 힘으로 바꿀 수 있는 사람은 없어. 물론 좋은 카르마는 높은 카스트로 갈 수 있는 길을 열어 주지. 비록 다음 생이 되어서야 이것이 나타나지만 말이야.

그건 정말 야비한 거야. 그래서 지금 인도에서는 카스트를 금지시켰어. 하지만 여전히 힌두 교도들은 카스트를 매우 중요하게 생각하고 있어.

카스트에 따라 하는 일도 달라

제일 높은 카스트는 브라만이야. 학자나 성직자들이 여기에 속하지. 두 번째 카스트는 크샤트리아야. 군인들이 여기에 속하는데, 국민을 보호하고 법을 통제하는 일을 해. 세 번째 카스트는 바이샤야. 수공업자나 상인 그리고 농부가 여기에 속해. 네 번째 카스트는 수드라인데, 다른 사람들을 위해 일해야 하는 사람이야. 옛날에 힘 있는 사람들이 거느렸던 노예와 비슷하

지. 이 밖에도 카스트에는 속하지 않지만 제5계급이라 불리는 파리아가 있는데, 이들은 사람들이 살갗조차 맞닿는 것을 꺼린다고 해서 불가촉천민이라고 해. 파리아는 화장실 청소를 하거나 온갖 힘들고 더러운 일을 해야 해.

신들은 모두 한 식구

힌두 교도들은 어떤 한 신에게 잘 보이기 위해 규칙을 지키는 게 아니란다. 그들이 믿는 신은 무수히 많은데, 누구나 제일 마음에 드는 신을 고를 수 있어. 그러면 신들은 사람들이 인생의 성적표를 잘 받도록 도와주지.

힌두 교도들은 신을 위해 집에 작은 제단과 함을 만들어 놓고는 아침마다 꽃이나 작은 선물로 제단을 꾸미고 푸자라는 아침 예배를 드려. 선물로 신들의 기분을 좋게 하려는 거지. 신들이 불쌍한 할아버지나 할머니의 영혼이 빨리 좋은 카르마를 받도록 도와줄지 모르거든.

힌두교에는 무수히 많은 신들이 있어도 그들은 모두 똑같단다. 어떤 신도 다른 신보다 더 낫거나 더 나쁘거나 하지 않다는 뜻이지. 신들은 모두 한 식구이고 온 우주에서 살고 있어.

신들의 이야기

신은 힌두 교도들에게 항상 모범이 되는 것은 아니야. 하지만 신들에 대한 이야기 속에는 힌두교의 모든 진리가 숨어 있지.

　신들 사이에도 종종 싸움이 있어. 어떤 신은 거친 삶을 살고 다양한 술수를 쓰고 수많은 장난을 치지. 때때로 신들은 악마 혹은 나쁜 유령 들과 힘을 겨루기도 해. 인도의 모든 아이들은 신들에 관한 이야기를 알고 있어. 물론 어른들도 신들의 이야기를 좋아하지. 그래서 신들에 관한 수많은 책이나 만화 그리고 영화도 나왔단다.

　힌두교의 신들은 하늘에서 인간이 뭘 하는지 내려다보고 있지 않아. 신들은 어느 곳에나 있지. 심지어 몇몇 신들은 피와 살이 있는 몸을 지니고 이 땅의 생명체들 속에 섞여 있기도 해.

갠지스에서 목욕하기

　힌두교에서 가장 중요한 신과 여신 들은 각각 적어도 108개나 1008개의 이름이 있어. 산이나 나무 혹은 동물이나 강도 신이 될 수 있지. 인도의 갠지스강처럼 말이야.

　전설에 따르면 여신 강가는 땅에 물을 대기 위해 강의 모습으로 세상에 왔대. 그런데 이 여신은 다른 신들에게 너무 건방지게 굴고, 자기 마음에

드는 곳이면 어디든지 뛰어갔대. 다른 신들은 강가가 나타나면 모든 걸 엉망으로 만들까 봐 두려워했지. 그래서 가장 존경받는 신들 가운데 하나인 시바가 강가를 자신의 머리카락으로 묶어서 얌전히 누워 있게 했어. 결국 강가는 물이 되고 말았지. 이것이 바로 갠지스강이야. 힌두 교도들은 그 속에서 목욕을 한단다. 왜냐하면 강가의 물이 힌두 교도들이 전생에 지은 죄를 씻어 주기 때문이야.

갠지스강 옆에는 성스러운 도시 바라나시가 있어. 이 도시에는 2000개가 넘는 사원이 있지. 가장 유명한 사원은 황금 사원인데, 이 사원의 둥근 지붕은 전부 금으로 이루어져 있어. 바라나시는 죽음의 신인 시바의 도시란다. 바라나시에서 죽어서 화장된 사람은 계속 다시 태어나는 고리에서 벗어나게 된다고 해. 그래서 부유한 노인들은 죽을 때가 가까워지면 바라나시로 가기도 하지. 바라나시 중심부 강가에는 화장터가 있어. 힌두 교도들은 이 거대한 장작더미 위에 시체를 태우고 그 재를 갠지스강에 뿌린단다.

태어나고, 살고, 죽는 것은 모든 생명체가 지나가야 하는 정거장이야. 힌두교에는 탄생, 삶, 죽음에 대한 유명한 세 신이 있어. 바로 창조의 신 브라흐마, 유지의 신 비슈누, 파괴의 신 시바야. 이 신들 모두 부인이 있는데, 이 여신들도 모두 남편처럼 존경을 받는단다.

아이들의 신 브라흐마

　브라흐마는 네 개의 머리와 네 개의 팔을 가지고 있어. 브라흐마는 비슈누의 배꼽에서 자라는 연꽃잎 위에 앉아 있는데, 네 개의 손 가운데 한 손에는 글씨가 쓰인 종려 잎을 들고 있어. 브라흐마는 움직일 때 흰 백조를 타고 다닌단다. 브라흐마는 세상을 만들었을 뿐만 아니라 창조를 담당하고 있지. 브라흐마를 아이들의 신이란 뜻인 프라자파티라고 부르기도 해. 아이와 더불어 새 생명이 시작되기 때문이야.

　브라흐마의 부인은 사라스바티란다. 그녀도 팔이 네 개이고 연꽃잎 위에 앉아 있어. 사라스바티는 한 손에는 종려 잎을, 다른 한 손에는 진주 끈을, 또 다른 한 손에는 현악기를 들고 있어. 움직일 때는 백조나 공작을 타고 다니지. 사라스바티는 언어와 예술 그리고 학문의 여신이란다.

정의의 신 비슈누

　비슈누, 크리슈나, 라마는 힌두 교도들이 가장 좋아하는 신이야. 하지만 이름만 다를 뿐 모두 같은 신이지. 이 신은 착한 사람들은 보호해 주고 나쁜 사람들에게는 벌을 준단다. 사람들은 특히 비슈누를 좋아해. 비슈누는 세상을 돌아가게 만들 뿐만 아니라 필요한 경우에는 새로운 모습으로 이 땅에 살고 있는 생명체들 안으로 들어오기도 하지. 이미 아홉 번이나 비슈누는 정의를 지키기 위해 피와 살을 가진 생명체로 나타났단다. 지금도 힌두 교도들은 비슈누의 열 번째 모습을 기다리고 있어. 이처럼 신이 세상에 내려오기 위해 몇 번이고 모습을 바꾸는 것을 아바타라라고 해.

맨 처음 비슈누는 인간의 처음 조상인 마누를 큰 홍수로부터 구해 내기 위해 물고기의 모습으로 이 땅에 왔어. 비슈누는 마누에게 가족과 동물과 식물을 실을 배를 만들게 했단다. 대홍수에 관한 비슷한 이야기를 유대교와 그리스도교의 성경에서도 다시 보게 될 거야. 노아의 방주에 대한 이야기 말이야.

비슈누는 거북이나 거대한 멧돼지나 난쟁이의 모습으로 나타나기도 해. 하지만 힌두 교도들은 크리슈나의 모습으로 나타난 비슈누를 가장 좋아해. 크리슈나는 모든 처녀들이 반할 정도로 잘생겼거든. 한번은 크리슈나가 마을 처녀들이 목욕하는 동안 옷을 훔쳐서 나무에 걸어 놓았어. 처녀들은 알몸으로 물속에서 나와야 했고 크리슈나는 그걸 보면서 즐거워했지.

크리슈나는 힌두 교도들이 가장 좋아하는 책 가운데 하나인 바가바드기타의 주인공이기도 해. 바가바드기타를 풀이하면 '신의 노래'란 뜻이야. 마부인 크리슈나가 무사인 아르주나를 돕는 이야기지.

비슈누의 아홉 번째 모습은 붓다란다. 붓다는 깨달음을 얻은 싯다르타로 새로운 종교인 불교를 세웠어.

비슈누가 다시 세상으로 돌아오는 데는 매번 수천 년이 걸린단다. 비슈누를 통해 구원받기를 바라는 사람들은 숲 속에서 한 발로 서 있거나 물구나무서기를 하기도 해. 그것은 매우 고통스러운 일이지. 하지만 그들에게 그 고통은 "비슈누 신이여, 어서 오세요!"라는 기도란다. 인도에는 이런 사람들이 정말로 있어. 한 번쯤 그런 모습을 사진으로 본 적이 있을 거야.

비슈누는 이 땅에 다시 올 때까지 둥글게 똬리를 튼 채 바다 위에 떠 있는 뱀 위에 앉아 있단다. 이 뱀은 머리 위에 천 개의 두건을 두르고 있는데, 그것은 마치 거대한 양산처럼 비슈누 위에 펼쳐져 있어. 비슈누도 팔이 네 개야. 두 손에는 곤봉과 바퀴를 들고 있고, 나머지 두 손에는 나팔과 연꽃을 들고 있어. 비슈누의 부인은 라크슈미인데, 라크슈미는 뱀의 꼬리 부분에 앉아서 비슈누의 발을 마사지하고 있지. 라크슈미는 부와 행운의 여신이야.

파괴의 신 시바

힌두교에서 세 번째로 중요한 신은 시바야. 파괴와 죽음의 신이지. 하지만 죽음은 더 나은 모습으로 태어나도록 길을 열어 주기 때문에 좋은 신이

야. 시바는 춤추는 걸 좋아하는데, 가장 즐겨 추는 춤은 자신이 직접 개발한 세상 파멸의 춤이란다. 시바의 부인은 파르바티 여신이야. 시바는 종종 반은 남자의 모습으로 반은 여자의 모습으로 그려지곤 해.

파르바티와 시바는 신들 가운데 유일하게 자식을 둔 부부 신이야. 물론 그 자식들도 신이지. 파르바티와 시바의 자식 가운데 가장 유명한 신은 코끼리 신인 가네샤야. 가네샤가 어떻게 코끼리 머리를 갖게 되었는지 한번 들어 볼래?

어느 날 파르바티는 목욕을 하려 했어. 그리고 갑자기 누군가가 욕실에 들어오는 것을 막기 위해 가네샤에게 욕실 문 앞을 지키게 했지. 그 당시 시바는 아주아주 오랫동안 집을 떠나 있었어. 가네샤는 그사이에 아버지가 알아보지 못할 정도로 컸단다. 집에 도착한 시바는 아내에게 가려 했어. 그런데 누군가 계속 앞을 가로막고 있지 뭐야. 화가 난 시바는 녀석의 머리를 쳐서 잘라 버렸단다. 맙소사, 대체 무슨 짓을 저지른 걸까! 시바는 얼른 하인을 보내 가네샤의 새 머리를 구해 오도록 했어. 정확히 말하면 머리를 북쪽으로 두고 자는 생명체의 머리를 가져오도록 시켰지. 하인들은 맨 처음 코끼리를 발견했고 그 머리를 가져왔어. 그래서 가네샤는 코끼리의 머리를 갖게 된 거야. 인도인들은 절대 머리를 북쪽으로 두고 자지 않아. 시바가 또다시 미쳐 날뛰면 누군가의 머리가 새로 필요하게 될지도 모르니까.

가네샤는 군것질을 너무 좋아해서 뚱뚱하고 둥글넓적해. 그래서 배가

터지는 걸 막기 위해 코브라를 허리띠처럼 두르고 있단다. 코브라는 인도에서 신성시하는 동물이야.

신성한 소

텔레비전에서 인도의 델리나 뭄바이 같은 교통량이 많은 도시에 소들이 돌아다니거나 누워 있어 자동차들이 멈춰 서 있는 것을 본 적 있니? 우리나라에서 이런 일이 생긴다면 당장 누군가 와서 소들을 쫓아 버릴 거야. 그러나 힌두 교도들은 소를 세상에서 가장 신성한 동물이라고 여기기 때문에 절대 함부로 대하지 않아. 힌두 교도들은 소 안에 모든 신들이 들어 있다고 믿거든. 시바는 얼굴에, 가네샤는 왼쪽 콧구멍에, 비슈누는 목에, 브라흐마는 등의 혹에 있기 때문에 아무도 소를 괴롭히면 안 돼. 게다가 힌두 교도들은 다른 동물, 예를 들어 개나 양도 신성하게 생각한단다. 신들이 이 동

물을 타고 다니기 때문이야.

힌두 교도들은 전갈 속에 라크슈미가 있다고 믿고 지네처럼 다리가 많은 동물 속에는 사라스바티가 있다고 믿어. 이 여신들에게 해를 끼치고자 하는 힌두 교도는 아무도 없을 거야.

신은 동물뿐만 아니라 식물에도 있단다. 인도 보리수나무 속에도 모든 신들이 있고 그 신들은 인간들을 돕지. 예를 들어 토요일에 보리수나무를 만진 사람은 죽음에 대한 두려움이 사라져. 또 힌두 교도들은 초승달이 생기는 목요일에 보리수나무 아래서 죄를 씻어 내지.

힌두 교도들은 티잘 식물도 신성시해. 이 식물은 바질의 일종인데 모든 힌두교 집에는 이 식물이 있어. 힌두 교도들은 매일 아침 기도드릴 때 티잘을 받들어 모신단다.

신의 노래 바가바드기타

학자들에 의하면 힌두교는 그 첫 뿌리가 4000년 이상이나 되었대. 힌두교에는 "이걸 꼭 믿어야 하느니라!"라고 사람들에게 특별히 말해 주던 창시자나 신성한 인물은 없었어. 오히려 힌두 교도들은 수백 년 동안 신이나 자연의 신성한 것에 대해서만 이야기를 해 왔지.

힌두교 경전 가운데 가장 오래된 것은 베다야. 베다는 지식을 뜻하는 말

인데, 약 3500년 전에 만들어졌고 수천 개의 행으로 이루어져 있어. 베다의 내용은 대부분 신을 찬양하는 이야기란다.

베다보다 약 1000년 뒤에 생긴 것이 우파니샤드야. 우파니샤드의 주된 내용은 삶과 죽음의 영원한 순환, 삶의 성적표 카르마, 그리고 사람이 어떻게 영원한 구원에 이를 수 있는가에 대한 거란다.

힌두교의 경전 가운데 가장 중요한 것은 '신의 노래'인 바가바드기타야. 짧게는 기타라고 부르지. 모든 중요한 삶의 지침들과 힌두교의 가르침이 이 이야기 속에 들어 있어.

구루와 함께 숲 속으로

모든 종교에는 그 종교의 가르침을 특히 잘 아는 성직자들이 있어. 그리고 성직자들의 임무는 다른 사람들에게 이 가르침을 전해 주는 거야. 특별한 의식, 즉 신을 위한 축제도 성직자들만이 할 수 있지. 힌두교에서는 이 성직자들을 브라만이라고 불러. 브라만은 가장 높은 카스트에 속하는 사람들로 엄격한 규칙을 지키며 살아야 한단다.

성직자들은 예전에 인도에서 매우 큰 힘을 지녔어. 누구나 성직자들에게 잘 보이고 싶어 했지. 성직자들은 자신들의 특별한 위치가 흔들리는 걸 원하지 않았어. 그러니까 모두가 카스트 제도를 없애는 것을 좋아했던 건 아니었다는 뜻이야.

다른 종교와 달리 힌두 교도들은 종교를 자기 마음대로 선택할 수가 없

어. 힌두 교도의 집안에서 태어나는 사람들은 태어나면서부터 힌두 교도로 자신의 종교가 정해지기 때문이야. 하지만 요즘에는 그것이 엄격하게 지켜지지 않아서 힌두 교도의 집안에서 태어나도 자신의 종교를 자유롭게 선택할 수 있단다.

힌두교를 배우기 위해서는 구루가 필요해. 구루는 선생님이란 뜻인데 모든 힌두교 아이들에게 첫 구루는 자신의 부모님이야. 삶에서 무엇이 필요한지 가르쳐 주는 첫 번째 사람이 부모님이기 때문이지.

브라만, 크샤트리아, 바이샤에 속하는 아이들은 나중에 구루에게 보내져. 거기서 아이들은 - 어떤 카스트에 속하느냐에 따라 - 36년이나 18년 또는 8년 동안 공부를 하지. 아이들은 이 기간 동안 많은 것을 포기해야 해. 군것질을 해도 안 되고, 고기를 먹어서도 안 되고, 몸을 꾸며서도 안 되고, 허튼짓을 해서도 안 돼. 심지어 마지막에는 잠시 구루와 단둘이 숲에서 살아야 해.

아아아아우우우우움

- 마리아의 엄마는 매주 요가를 하러 간단다. 요가가 끝난 뒤에는 아주 즐겁고 편안한 얼굴이야. 마리아의 엄마는 가끔 집에서도 다리를 이상하게 꼬고 양탄자 위에 앉아 양손을 밖으로 뻗은 채 깊은 저음으로 "아아아아우우우우움"이라고 소리치기도 해.
- 마리아의 엄마는 요가를 하면 모든 스트레스에서 벗어나는 것 같다고 이야기해.
- 마리아가 엄청 속을 썩여도 요가 할 때면 완전히 잊어버리지. 마리아의 엄마는 힌두 교도가 아닌데도 요가를 해서 도움을 얻는 거야.

힌두 교도는 요가도 구루하고 함께 연습해. 이때 배로 깊게 숨 쉬는 법을 배우는데, 허파 속 아주 깊은 곳까지 공기로 가득 채워지면 몸은 훨씬 더 가볍고 자유로워져. 사람들이 요가 할 때 내뱉는 "아아아아우우우우움"이나 "옴" 같은 소리는 숨 쉬기를 쉽게 하도록 도와준단다.

힌두 교도에게 옴은 우주의 진리를 나타내는 소리야. 인도 요가에는 몸 비틀기도 있는데 이것이 우리가 육체로부터 벗어나는 걸 도와주지. 그렇게 함으로써 영혼은 자유로워질 수 있어.

육체에서 벗어나는 것을 자기 마음대로 할 수 있는 진정한 요가 수행자는 몇 시간이고 움직이지 않고 버틸 수 있어. 또 못이 박힌 판자 위에서도 아무렇지 않게 앉아 있는 사람도 있지. 그 사람은

명상을 통해 육체에서 벗어났기 때문에 더 이상 아픔도 느끼지 않는 거야.

다채롭고 즐거운 축제들

힌두교처럼 신들이 많으면 축제를 벌일 일도 늘 많아. 게다가 힌두교 신들은 쾌활하고 명랑하기 때문에 그들을 위한 축제도 다채롭고 즐겁지. 힌두 교도들은 집과 거리 그리고 강가를 꽃들과 깃발들로 꾸민단다. 이따금 불꽃놀이도 하고, 몇몇 축제에서는 사람들이 서로 빨강색이나 노랑색이나 오렌지색 가루를 던지기도 해.

힌두 교도들은 사원에서 – 인도에는 사원이 무수히 많아 – 자신들이 섬기는 신의 동상에 물감을 뿌리기도 한단다.

인도에서는 '빛의 행렬'이란 뜻의 디왈리가 가장 큰 축제야. 새해맞이 축제인 디왈리는 힌두 교도들이 비슈누와 라크슈미를 기리기 위해서 벌이는 축제야. 인도 설날은 10월에서 11월 초승달이 뜰 무렵이야. 이때는 디왈리를 위해 모든 것이 다 꾸며진단다. 과자도 엄청 많이 만드는데 모두 신들에게 바치기 위한 거지. 같은 달에 신성한 소들을 위한 축제인 고바르다나 푸자도 열려.

8월이나 9월에는 코끼리 신인 가네샤를 위한 축제도 열리는데, 이때가 되면 힌두 교도들은 점토로 된 작은 코끼리 신을 사서 강이나 바다에 가라앉힌단다. 인도의 북서부에 있는 라자스탄에서는 강가우르 축제 때 사람들이 거리로 나와 춤을 춰. 시바와 파르바티를 기리기 위해서지.

봄의 홀리 축제 때는 힌두 교도들이 거리를 돌아다니는 사람들에게 좋은 의미로 물감을 뿌리기도 한단다.

전 아직 결혼하지 않았어요

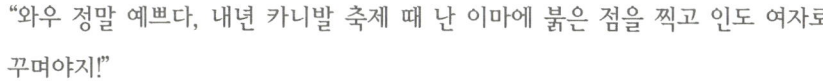

- 클라라의 이모는 스튜어디스야. 지난번 인도에
- 갔을 때 조카인 클라라에게 매우 아름다운 실크
- 사리를 사다 주었어. 사리는 힌두교 여자들이 몸을 감
- 싸는 큰 천이야.
- "와우 정말 예쁘다, 내년 카니발 축제 때 난 이마에 붉은 점을 찍고 인도 여자로 꾸며야지!"
- 클라라는 기뻐서 이렇게 말했어.

클라라가 알지 못하는 게 있어. 이마의 붉은 점은 샤크티 여신의 표시야. 샤크티는 힘과 권력의 여신이지. 결혼하지 않은 여자들은 이마 한가운데 붉은 점을 그리는데, 이것은 "전 아직 결혼하지 않았어요. 저와 결혼하고 싶다면 노력해 보세요!"란 뜻이야. 반대로 머리카락이 돋아나는 부분을 붉게 표시한 것은 "저는 이미 결혼했어요!"란 뜻이지.

뿐만 아니라 힌두교 남자들이 얼굴에 그린 표시를 보면 그들이 좋아하는 신을 알 수 있어. 비슈누를 좋아하는 사람들은 눈썹과 머리카락이 돋는 부분 사이에 찰흙이나 갈색 반죽으로 두 개의 세로 줄을 그리고, 시바를 좋아하는 사람들은 이마에 재로 두 개의 가로줄을 그리지.

유럽의 힌두 교도들은 크리슈나 신을 기리기 위해 하레 크리슈나 운동에 참여하기도 해. 그들은 머리를 깎고 평화의 색인 노랑색 윗옷을 입은 채 크리슈나 신을 기리기 위해 노래를 부르고 연주를 하기도 한단다.

유럽의 힌두교 축제

유럽에서 가장 큰 힌두교 사원은 독일에 있어. 노르트라인 – 베스트팔렌 주에 있는 함이란 도시에는 해마다 5월이 되면 유럽 곳곳에서 수천 명의 힌두 교도들이 모여들어 2주 동안 거대한 사원 축제를 벌이지.

이 축제의 가장 큰 행사는 갠지스 강에서의 목욕이야. 하지만 갠지스 강은 유럽에서 너무 멀리 떨어져 있기 때문에 힌두 교도들은 베를린에서 하노버로 가는 고속도로의 다리 밑 다텔른 – 함 – 운하를 갠지스강

이라 생각하고 그 속으로 들어간단다. 힌두 교도가 아니라도 관심 있는 사람이면 누구나 참여할 수 있어. 날마다 있는 푸자 때도 마찬가지야. 힌두 교도들은 의식을 행할 때 모든 손님들을 환영해. 종교가 없는 사람이든 이슬람교도를 믿는 사람이든 유대교도나 혹은 그리스도교를 믿는 사람이든 상관없어.

우리가 눈으로 보고 느끼는 건 실제로는 존재하지 않아.
머릿속에서만 생겨나는 것이지. 고통도 역시 실제로 있는 게
아니기 때문에 행복은 우리가 스스로 만들어 낼 수 있는 거란다.
붓다가 바로 이런 말을 했어.
붓다는 신이 아니라 자기 스스로를 믿는 종교를 만들었어.
비록 불교도들이 붓다를 신처럼 떠받들기는 하지만 그들은
언젠가는 자신도 붓다가 될 수 있다고 생각해.
불교에서는 누구나 자기 스스로 고통에 마침표를 찍고 영원한
행복인 니르바나에 들어갈 수 있다고 말하고 있어.
이것이 바로 붓다의 지혜야.

불교 이야기

불교 이야기

모든 걸 다 가져도 행복하지 않아 · 39
뭔가 다른 게 필요해 · 40
깨달음으로 가는 길 다르마 · 41
코끼리 천사가 준 아기 · 41
보지 못하게 하라 · 42
삶은 고통이다 · 43
가난하지만 마음은 부자 · 44
방랑의 길 · 46
보리수나무 아래서 얻은 깨달음 · 47
모든 게 꿈에 불과하다고 · 49
여덟 가지 바른 길 · 51
폭력은 안 돼 · 52
온 정신을 한곳에 · 53
삶은 자신의 손에 달렸어 · 54
만다라를 그리자 · 56
가르침의 수레바퀴 · 57
자동차로 혹은 버스로 · 59
난 신이 아니다 · 60
미래의 붓다 · 61
사이좋게들 지내시오 · 62

모든 걸 다 가져도 행복하지 않아

카타리나는 행복의 조건을 다 갖추고 있어! 혼자 쓰는 방도 있고, 혼자 쓰는 전화도 있고, 인터넷이 연결된 컴퓨터도 있고, DVD 플레이어가 딸린 텔레비전도 있지.

벽장에는 장난감, 비디오, 새 바비인형 등이 가득 차 있어. 카타리나는 모든 걸 갖고 있어. 최신 산악자전거, 스케이트, 킥보드, 스노보드도, 심지어 개와 말까지 가지고 있지. 그런데도 카타리나는 늘 심심해해. 그 어떤 것에도 기쁨을 느끼지 못하기 때문이지. 불쌍한 카타리나! 모든 걸 다 가졌다고 해서 행복한 건 아닌가 봐!

고타마 싯다르타도 카타리나와 비슷했던 것 같아. 싯다르타는 2500년 전 히말라야산 남쪽에 있는 석가족의 나라인 카필라 국의 왕자로 태어났어. 싯다르타의 아버지는 정반왕이고 어머니는 마야 부인이야. 훗날 싯다르타는 깨달음을 얻어서 붓다가 되었단다.

깨달음을 얻은 붓다는 사람들에게 삶은 곧 고통이라고 가르쳤어. 동시에 고통에서 벗어나는 법도 가르쳐 주었지. 그건 바로 세상에는 아무것도 실제로 존재하는 것은 없다는 것이야. 그렇기 때문에 인간은 고통에서 벗어날 수 있는 거지. 하지만 이것을 단번에 깨닫기는 쉽지 않아. 그것을 깨달으면 붓다가 되는 것이거든. 불교를 믿는 사람들은 일생 동안 깨달음을 얻기 위해서 공부를 한단다.

뭔가 다른 게 필요해

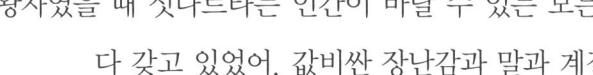

왕자였을 때 싯다르타는 인간이 바랄 수 있는 모든 걸 다 갖고 있었어. 값비싼 장난감과 말과 계절마다 바뀌는 궁전, 심지어 자신의 하인까지 가지고 있었지. 그런데도 싯다르타는 사는 것이 쓸쓸하고 허무했단다. 싯다르타는 '뭔가 다른 게 필요해!' 하고 생각했어. 그리고 사람이 행복해지는 방법을 알아내기 위해 자신의 멋진 궁전을 떠났어. 싯다르타가 가야 할 길은 멀었단다.

싯다르타는 자신이 가지고 있던 모든 걸 두고 떠났어. 그는 어떤 것에도 마음을 두지 않았기 때문에 자유롭고 만족스러웠지. 이런 완전한 만족의 상태를 바로 니르바나라고 해. 싯다르타는 이미 살아 있을 때 니르바나에 도달했단다.

니르바나의 상태에 이르면 사람들은 더 이상 근심이나 걱정이나 그리움 혹은 집착 등으로 괴로워하지 않아도 돼. 마치 육체가 무게를 잃으면 우주 속의 무중력 상태처럼 인간의 영혼도 행복에 잠겨 바람 속에 흩어지는 거지. 니르바나도 그와 비슷한가 봐. 싯다르타는 이것을 깨달음이라고 했어. 그래서 우리는 싯다르타를 깨달은 사람, 즉 붓다라고 부른단다.

깨달음으로 가는 길 다르마

붓다는 사람들에게 깨달음에 이르는 방법을 가르쳤어. 이 가르침을 다르마라고 해. 붓다가 세상에 나가서 이 가르침을 전하자 많은 사람들이 붓다를 따르게 되었어. 그로부터 2500년이 지난 오늘날에도 3억 명이 넘는 전 세계 사람들이 붓다의 가르침대로 살려고 애쓰고 있어. 하지만 대부분의 불교도들은 스리랑카, 태국, 베트남, 라오스, 캄보디아, 중국, 일본 그리고 인도 등 아시아에 있단다. 우리나라에도 약 1072만 명의 불교도들이 붓다의 가르침을 따르고 있지.

코끼리 천사가 준 아기

싯다르타가 태어났을 때 그의 부모인 정반왕과 마야 부인도 싯다르타가 아주 특별한 인물이 될 거라는 걸 알 수 있었어. 왜냐하면 싯다르타의 탄생은 아주 특별하고 신비스러웠거든.

도솔천이라는 하늘나라에 살고 있던 한 보살이 세상을 내려다보다가 사람들을 불쌍히 여겨 인간 세상에 내려오기로 했어. 어느 날 싯다르타의 어머니인 마야 부인은 흰 코끼리가 자기 옆구리로 들어오는 꿈을 꾸었어. 바로 이 흰 코끼리가 도솔천에 살던 그 보살이야. 이 보살이 열 달 뒤에 마야 부인의 옆구리에서 태어났는데, 그가 바로 싯다르타야.

싯다르타의 탄생에 대한 이야기도 매우 신기해. 마야 부인이 아이를 낳기 위해서 집으로 가던 중에 어느 숲에 이르렀는데 갑자기 큰 나무 한 그루가 마야 부인에게로 깊숙이 몸을 숙였어. 이 나뭇가지 하나를 마야 부인이 꽉 붙잡자 싯다르타가 옆구리에서 뛰쳐나왔지. 아기는 몸을 똑바로 세우고 사방으로 일곱 걸음씩 걸었어. 그러고는 "하늘 위, 하늘 아래에서 나는 매우 귀하고 소중하다. 내가 이 세상을 편안하게 만들 것이다."라고 말했어.

현자들은 싯다르타의 미래를 대단하게 예언했어. 정반왕은 자신의 후계자인 아들에게 대단한 자부심을 느꼈지. 왕은 싯다르타가 자신보다 훨씬 더 부유하고 힘 있는 사람이 될 거라고 생각했던 거야.

보지 못하게 하라

- 엄마 아빠와 함께 가다가 교통사고가 난 걸 본 적 있니? 그럴 때 부모님들은 우리에게 사고 현장을 보지 못하게 할 거야. 왜냐하면 부모님은 혹시 우리가 교통사고를 보고 무서워하거나 아니면 똑같은 일이 일어날지도 모른다고 두려워할까 봐 걱정하지. 하지만 고통도 삶의 한 부분이란다. 아무도 이 고통에서 영원히 벗어날 수는 없어.

정반왕은 아들을 너무 사랑한 나머지 싯다르타를 슬프게 할 수 있는 모든 것을 주변에서 멀리했단다. 싯다르타는 궁궐에서 황금 새장 안에 갇힌

새처럼 화려함과 사치스러움 속에서 자랐지. 싯다르타는 열여섯 살 때 사촌과 결혼했고, 13년 뒤에 아들을 얻었어. 싯다르타는 행복에 필요한 모든 것을 갖고 있었지만 점점 폐쇄적이 되고 우울해졌단다. 싯다르타는 끊임없이 궁궐 밖의 삶이 어떨지에 대해 곰곰이 생각했고, 결국 바깥세상을 보기로 마음먹었어.

싯다르타는 오랫동안 빌고 또 빌어서 아버지로부터 나라를 돌아볼 수 있는 허락을 받아 냈단다. 정반왕은 아들을 보살피라고 하인을 딸려 보내면서 다음과 같은 명령을 내렸어.

"나라 안에서 일어나는 나쁜 일들을 내 아들이 보지 못하게 하라!"

하지만 하인은 왕자가 보는 것을 막을 수 없었어. 싯다르타는 처음으로 늙은 사람, 병든 사람, 가난한 사람 들을 보면서 삶이 잔인하다는 것을 알게 되었어.

삶은 고통이다

싯다르타는 화려한 마차를 타고 처음 궁 밖으로 나갔을 때 지팡이를 짚고 힘겹게 거리를 걸어가는 병든 노인을 보았어. 싯다르타는 이런 사람을 한 번도 본 적이 없기 때문에 안타까운 마음에 노인에게 무슨 일이 일어났는지 하인에게 물었단다. 하인은 모든 인간은 언젠가 늙어서 힘이 없어지고 저 노인처럼 구부정하게 걷게 된다고 말했어. 싯다르타는 벼락이라도 맞은 듯 놀라서 곧장 궁궐로 돌아왔지. 그리고 전보다 훨씬 더 말이 없어졌단다.

싯다르타는 두 번째 궁 밖으로 나갔을 때 아픈 사람을 만났고 더욱 놀랄 수밖에 없었어. 싯다르타는 아픈 사람도 처음 보았거든. 정반왕은 궁궐에서 누가 병이 들면 아들이 병든 사람을 보지 못하도록 얼른 조치를 취했어. 아들의 가슴에 어떤 걱정거리도 쌓이지 않도록 말이야. 또다시 싯다르타는 하인으로부터 병은 삶의 일부이고 누구나 병들 수 있다는 사실을 배워야 했어.

하지만 싯다르타는 세 번째 궁 밖 나들이에서 장례 행렬을 만났을 때 정말 당황하고 말았어. 마차에는 시체가 뉘여 있었고, 그 시체는 강가에 있는 화장터로 가던 중이었지. 싯다르타가 살던 곳의 사람들은 힌두 교도였기 때문에 시체를 거대한 장작더미 위에서 태우고 그 재를 물속에 뿌렸어. 하인은 또다시 왕자에게 모든 인간은 언젠가는 죽는다고 알려 줬단다.

싯다르타는 이 세 번의 나들이 뒤에 "모든 삶은 고통이구나!"라고 슬프게 말했어.

가난하지만 마음은 부자

여름 방학이 되면 로버트는 항상 2주 동안 북해 근처에 사는 할머니 집에 간단다. 1년 내내 로버트는 이날만을 기다리지. 할머니 집에서는 모든 걸 할 수 있거든. 게다가 가까운 곳에 바다가 있어 얼마나 좋은지 몰라! 그런데 참 이상하게도 로버트는 할머니 집에 도착한 지 일주일이 채 되기도 전에 슬퍼져. 앞으로 일주일만 더 지나면 집으로 돌아가야 한다는 생각을 끊임없이 하기 때문이지.

로버트가 다시 할머니 집에 오기 위해서는 1년을 더 기다려야 해. 그래서 로버트는 할머니와 헤어질 때마다 매번 가슴 아픈 눈물을 흘린단다. 집에 돌아와서도 로버트는 한동안 우울하게 지내. 하지만 여름 방학이 돌아오면 또다시 할머니 집에 간단다. 할머니와 헤어질 때 눈물을 흘려야 한다는 것을 알고 있으면서도 말이야.

싯다르타는 또다시 네 번째 궁 밖 나들이에 나섰어. 그리고 이 나들이는 싯다르타의 삶에 결정적인 변화를 주었지. 젊은 왕자인 싯다르타는 어느 한 힌두교 고행자를 만났어. 고행자는 몸으로 견디기 힘든 일들을 하며 수행하는 사람이야. 그 고행자는 몸이 깡마르고 허리에 천 조각 하나만 걸치고 있었지.

싯다르타가 살던 시대에는 많은 힌두 교도들이 그렇게 생활했단다. 힌두 교도들은 매우 검소하게 살면서 편안하게 사는 모든 삶을 물리치면 끊임없이 다시 태어나는 것으로부터 빨리 벗어날 수 있다고 믿었어.

힌두 교도들은 죽는다고 해서 삶이 끝나는 건 아니라고 믿었기 때문에 영혼은 늘 새로운 모습으로 이 땅에 돌아온다고 생각했어. 하지만 언젠가 깨끗해져서 영원한 안식에 이르게 된다고 믿었지. 그때까지는 계속해서 영혼이 다시 태어난다고 믿었어.

싯다르타가 만난 고행자는 숲 속에서 검소하게 살면서 세상 여기저기를 돌아다니고 있었어. 고행자는 스스로 거지처럼 가난하게 살기로 마음먹었던 거야. 다른 사람들과 재미있게 지내는 것이나 즐겁게 축제를 벌이는 일

같은 자신에게 기쁨을 주었던 모든 것을 포기했던 거지.

싯다르타는 모든 기쁨을 포기하고 가난하게 살면서도 만족하는 사람을 한 번도 본 적이 없었어. 그러나 이 고행자에게서는 끝없는 평화의 힘이 넘쳐났지. 싯다르타는 '이게 바로 고통의 끝이야. 나도 저렇게 되겠어!'라고 마음먹었단다.

방랑의 길

싯다르타는 고행자를 만난 뒤 어느 날 밤 모두가 잠든 사이에 궁궐을 빠져나왔어. 처음에 싯다르타는 인간이 어떻게 하면 고통 없이 살 수 있는지를 알아내면 다시 궁궐로 돌아올 생각이었어.

어떻게 하면 인간이 병드는 것, 늙는 것, 죽는 것, 바라는 것으로 인한 고통에서 벗어날 수 있을까? 싯다르타는 바깥세상에서 자신의 질문에 대한 답을 찾을 수 있기를 바랐단다. 싯다르타는 검고 긴 자신의 머리카락을 자르고 노란 천으로 몸을 감쌌어. 부유한 왕자였던 때를 떠올리게 하는 건 아무것도 없도록 말이야.

처음에 싯다르타는 두 브라만과 함께 지냈어. 브라만은 어떻게 하면 영혼이 끊임없이 다시 태어나는 것으로부터 벗어날 수 있는지를 가르치는 힌두교의 성직자들이야. 하지만 브라만들도 인간이 어떻게 하면 고통 없이 살 수 있는지에 대한 싯다르타의 질문에는 대답하지 못했단다.

그래서 싯다르타는 다섯 명의 요가 수행자들과 함께 사람이 드문 곳으로 들어갔어. 요가 수행자들은 끊임없는 생각과 명상과 요가 연습을 통해 세상에서 벗어나려는 사람들이야. 요가 수행자들은 생각하는 것 말고는 아무것도 하지 않는 사람은 나쁜 짓도 할 수 없다고 믿었지. 또 나쁜 짓을 하지 않는 사람은 영혼이 다시 태어나는 것을 막을 수 있다고 생각했어. 요가 수행자들은 어떤 것에도 정신을 뺏기지 않기 위해 사람을 피하고, 아름다운 옷을 포기하고, 꼭 필요한 만큼만 먹고 마셨지. 그들은 깨지 않는 꿈속에 사는 것처럼 살았어. 꿈꾸는 사람은 멍청한 짓을 하지 않으니까.

보리수나무 아래서 얻은 깨달음

싯다르타는 6년 동안 요가 수행자들과 함께 숲 속에서 살았어. 쨍쨍 내리쬐는 햇빛 아래서나 살을 에는 듯 추운 바람 속에서도 싯다르타는 약간의 움직임도 없이 몇 시간이고 앉아 있곤 했지. 뼈밖에 남지 않은 싯다르타는 배도 고프고, 목도 마르고, 몸 구석구석이 아팠단다. 하지만 싯다르타는

이런 아픔에 신경을 쓰지 않으려 했어. 이 고통으로부터 벗어나고 싶었을 뿐이었지. 요가 수행자들은 이미 싯다르타를 거의 성자와 다름없다고 생각

했어. 요가 수행자들 가운데 아무도 싯다르타처럼 스스로에게 엄한 사람은 없었기 때문이야. 하지만 그것도 싯다르타에게는 별 도움이 되지 못했어. 싯다르타는 '찰칵!' 하는 순간에 고통을 끝낼 수 있는 방법을 깨닫게 되기를 기다렸지만 그런 순간은 오지 않았어.

싯다르타는 "나는 거의 굶어 죽을 정도로 고생을 했지만 전보다 더 똑똑해지지 못했다."라고 말했어. 수행도 깨달음을 얻는 옳은 방법이 아니었던 거야.

싯다르타는 다시 정상적으로 먹고 마시기 시작했어. 결국 싯다르타는 자신의 질문에 대한 답을 스스로 찾아보기로 했지. 싯다르타는 부다가야 마을 근처에 있는 보리수나무 아래에 가서 앉았어. 그리고 '수수께끼의 답을 알기 전에는 일어나지 않으리라.'라고 다짐했지. 싯다르타는 그 어떤 것에도 그 누구에게도 한눈을 팔지 않았어.

싯다르타가 명상에 잠겨 있을 때 유령과 마귀 들이 그를 유혹했어. 유령과 마귀 들은 싯다르타가 즐거웠던 때를 떠올리도록 계속 유혹했지. 하지만 싯다르타는 유령과 마귀 들의 말을 듣지 않았어. 그리고 며칠이 지나

자 싯다르타는 갑자기 머릿속이 환해졌어. 깨달음을 얻었던 거지. 싯다르타는 인간이 어떻게 하면 고통에서 벗어날 수 있는지를 발견했던 거야. 자신의 마음이 차분히 가라앉는 걸 보고 싯다르타는 그걸 알아차렸단다. 그렇게 만족스런 기분은 처음이었어. 이때부터 싯다르타는 붓다, 즉 깨달은 사람으로 불렸어.

모든 게 꿈에 불과하다고

- 짐 크노프와 기관사 루카스의 이야기를 아니? 짐 크노프와 루카스는 기관차 엠마를 타고 사막을 달려가던 중 갑자기 멀리서 룸머란트를 봤어! 그 둘은 얼른 그곳에 가 보기로 했지. 짐 크노프와 루카스가 달리고 또 달려 그곳에 도착했을 때 갑자기 룸머란트는 허공으로 사라져 버렸어. 그건 신기루였거든. 눈속임에 불과했던 거야. 공상은 가끔 우리에게도 장난을 친단다. 그러면 우리는 실제는 전혀 존재하지 않는 것들을 보게 돼.

붓다가 깨달은 것은 아무것도 실제로 존재하는 건 없다는 거야. 우리가 살아가는 것, 우리가 보는 것, 우리의 존재 등 정말로 있는 건 아무것도 없어. 우리가 기쁘거나 슬프거나 하는 것도 우리 마음대로 느낄 수 있는 것이 아냐. 오늘 건강한 사람도 내일 아플 수 있고, 오늘 아름답게 피는 꽃도 내일이면 시들 수 있어. 저기 앞에 서 있는 나무는 정말 서 있는 걸까? 아니면 단지 우리 눈이 "저기 나무가 서 있다."라고 말하는 걸까? 아무도 그 나무를 보지 않았는데 그 나무는 계속 서 있을까? 아니면 모든 게 짐 크노프와 루카스가 사막에서 본 룸머란트처럼 커다란 신기루에 불과한 걸까?

　부유한 것도 마찬가지야. 그것이 싯다르타에게 무엇을 가져다주었지? 행복해진다는 것은 뭔가 다른 것에 달려 있어. 금식은 또 어땠니? 깨달음을 얻으려는 싯다르타에게 정말로 도움이 되지는 못했어.

　싯다르타는 아무것도 가지려고 하지 않았을 때, 다시 말해 부유한 것도 행복한 것도 금식할 때의 특별한 용기도 가지려 하지 않았을 때 비로소 편안함과 자유로움을 느꼈어. 이것이 인간이 삶의 고통을 이겨 낼 수 있는 길이었던 거야. 붓다는 이 깨달음을 사성제라고 하는 '네 가지 거룩한 진리'로 정리했단다.

네 가지 진리는 다음과 같아

- 삶은 고통으로 가득하다. 어떤 행복도 영원히 계속되지 않기 때문이다. 지금 행복한 사람도 매우 슬퍼질 수 있다.
- 우리가 늘 뭔가 갖기를 바라기 때문에 이 고통은 생겨난다. 사람은 자기가

가진 것에 만족하는 법이 없다.

- 이 욕심을 이겨 내는 사람만이 고통에서 벗어날 수 있다. 욕심을 이겨 내면 더 이상 어떻게 하면 더 행복해질 수 있을까 생각하지 않아도 되기 때문이다.
- 사람들은 어떻게 살아야 깨달음에 이를 수 있는지 배울 수 있다. 이것을 배우면 사람들은 만족하게 될 것이다. 거기로 가는 길은 팔정도, 즉 '여덟 가지 바른 길'이다. 그 길을 가는 사람은 니르바나에 이르게 될 것이고, 모든 욕심과 고통으로부터 완전히 벗어날 것이다.

여덟 가지 바른 길

붓다는 누구나 자기처럼 아무 데도 치우치지 않고 중간으로 가기로 결정하면 니르바나에 이를 수 있다고 믿었어. 돈이 많은 것도 행복을 지켜 주지 않았고, 모든 걸 포기하는 것도 행복을 지켜 주지 않았지. 그 중간을 찾아내는 것이 올바른 길이었던 거야.

사람은 누구나 자신에게 맞는 바른 길을 찾아내야 해. 붓다는 이러한 자신의 가르침을 다르마라고 불렀어. 다르마는 자동차나 버스와 같아. 사람이 행복으로 가기 위해 타기만 하면 되는 차 말이야. 이때 차에 타려는 사람은 네 가지 진리를 믿어야 해. 그리고 이 네 가지 진리 가운데 네 번째 마지막 진리는 바로 여덟 가지 바른 길로 이어지지.

첫 번째 바른 길

- 붓다의 가르침에 대한 올바른 인식, 즉 바른 견해

나머지 일곱 가지의 바른 길

- 바른 생각
- 바른 말
- 바른 행동
- 바른 생활
- 바른 노력
- 바른 집중
- 바른 수행

붓다는 이 길들이 무엇을 뜻하는지 알고 싶어 하는 사람이라면 누구에게나 이야기해 주었어. 그러자 많은 사람들이 붓다의 말을 듣고 싶어 했지. 그 길은 가난하건 돈이 많건, 젊은 사람이건 늙은 사람이건, 누구나 행복으로 갈 수 있는 길이었어.

폭력은 안 돼

늘 뭔가 다른 것을 바라며 사는 사람이 아니라면 그 사람은 바른 생각을 갖고 있는 거야. 다른 사람들을 좋게 대하고 누구에게도 피해를 끼치지 않는 사람은 이미 바른 길을 가고 있는 거지.

　바른 말이란 거짓말을 하지 않는 것, 다른 사람을 나쁘게 말하지 않는 것, 문제를 일으키지 않는 것을 뜻해. 이러한 행동에 대한 보답은 즉시 나타나지. 정직하고 남을 욕하지 않는 사람은 인기를 얻고 신임을 받으니까 말이야.

　바른 행동이란 사람을 죽이지 않는 것, 물건을 훔치지 않는 것, 남의 것을 욕심 내지 않는 것을 뜻해.

　바른 생활이란 다른 생명체에게 고통을 주는 일을 하지 않는 거야. 그래서 불교도는 가축을 죽이거나 사냥을 하거나 고기를 낚는 그런 일을 하면 안 돼. 불교에서 가장 중요한 건 절대로 자신을 위해서 다른 생명체를 죽이거나 폭력을 쓰지 않는 거야.

온 정신을 한곳에

- 사과 한 개를 들어서 찬찬히 살펴본 다음 한 입 깨물어 봐. 맛이 어때? 냄새는? 어떤 느낌이지?
- 정말 사과 맛에만 정신을 모으고 있니? 비디오를 보거나 음악을 들으면서 대충 사과 맛을 떠올리지 말고.
- 자, 이제 다시 한 번 사과 맛이 얼마나 좋은지 느껴 봐!

　사과 맛에 집중하는 연습과 더불어 우리는 붓다가 말하는 바른 길에 들어서게 되었어. 왜냐하면 여섯 번째, 일곱 번째, 여덟 번째 길에서 중요한 것은 온 정신을 한 곳에 집중하는 것, 그리고 그것이 우리에게 미치는 영향에 주의를 기울이는 것이거든. 우리가 한 가지 일이나 행동에 마음을 집중하면 자신에게 무슨 일이 일어나는지 느낄 수 있을 거야. 기분이 좋아지고 깊은 안도감에 젖을 수도 있지. 마지막 세 가지 바른 길은 그곳으로 가는 길이야. 불교도들은 그 길들을 명상이라고 부른단다.

바른 노력은 나쁜 생각을 하지 않는 거야. 왜냐하면 나쁜 생각을 하는 것은 바른 길에서 빗나가게 하기 때문이지.

바른 집중은 사과 맛에 집중하는 것과 같아. 지금 이 순간 자신이 하고 있는 일에만 완전히 몰두하는 사람은 자신의 정신을 가라앉혀 좋은 결과를 얻을 수 있게 되지.

이 준비가 끝나면 여덟 번째 길, 즉 바른 수행에 들어서게 돼. 꽃을 한번 잘 살펴봐. 예쁘지 않니? 우리는 이제 이 꽃의 아름다움 외에는 아무것도 보지 않게 될 거야. 그리고 우리 자신이 꽃 속에 들어간 것처럼 느끼게 될 거야. 붓다는 이런 고요한 상태에서 깨어났어. 보리수나무 아래에서 붓다는 니르바나에 도달했던 거야.

삶은 자신의 손에 달렸어

옛날 대부분의 인도 사람들은 힌두 교도였기 때문에 스스로의 힘으로 자신의 삶을 바꿀 수 없었어. 바로 이런 이유 때문에 인도 사람들은 붓다의 가르침을 좋아했단다. 붓다가 살았던 때에 힌두 교도들은 카스트를 통해서 삶이 매우 엄격하게 정해졌고, 개개인은 태어나면서부터 특정 카스트에 속하게 되었지. 아무도 이것을 바꿀 수 없었어. 거지는 아무리 노력해도 거지일 수밖에 없었고, 거리 청소부는 영원히 청소부로 살아야 했어. 직업을 바꾸는 것도, 뭔가 다른 걸 배우는 것도 허락되지 않았고, 아무리 부지런해도 높은 카스트로 올라갈 수 없었어. 죽어서 다시 태어나야만 비로소 카스트를 바꿀 수 있었단다.

게다가 힌두 교도들은 영혼을 구원받을 수 있는 길이 많지 않았어. 그들은 경전을 읽을 수 없었거든. 경전을 읽을 수 있는 사람은 성직자였던 브라만뿐이었단다. 신에게 어떤 의식과 제물과 기도를 올려서 계속 다시 태어나는 것을 줄일 수 있는 사람은 오직 브라만들밖에 없었지.

하지만 붓다는 달랐어.

"너희는 그런 모든 것을 할 필요가 없다. 모든 사람은 평등하기 때문에 누구나 니르바나에 갈 수 있다. 돈이 많이 없어도, 좋은 직업이 없어도 누구나 행복해질 수 있다."

붓다의 이런 가르침은 오늘날에도 많은 사람들에게 영향을 주고 있어. 왜냐하면 행복을 위한 모든 조건을 갖추고 있으면서도 행복하지 못한 사람들이 많거든.

만다라를 그리자

교실이 꼭 원숭이 우리 같았어. 아이들은 소리 지르며 미쳐 날뛰고 귀 기울여 듣는 사람은 아무도 없었지.
"그만! 자, 이제부터 붓다와 보살의 모습을 도형으로 나타낸 만다라를 그려 봅시다!"
선생님은 아이들이 원하는 대로 알록달록 색칠하게 원과 도형이 많이 그려진 종이를 나눠 주었어. 얼마 뒤 교실이 아주 조용해졌단다. 크레파스만 종이 위를 재빠르게 왔다 갔다 했지. 개구쟁이 아이들이 전부 만다라에 빠진 듯했어. 교실에 평화가 찾아온 거야.

아이들은 만다라를 그리면서 마음의 평화를 찾은 거야. 다시 말하면 불교의 명상을 한 셈이지. 오늘날 사람들은 명상 가운데 몇 개를 불교에서 배워 왔단다.

그중에는 숨을 깊게 들이마신 다음 공기가 어떻게 허파 속으로 들어가는지 느끼는 것도 있어. 이건 굉장히 멋진 느낌이야. 공기가 우리 몸속에서 더 많은 자리를 차지하는 느낌이랄까.

또 정신적인 방법으로 마음을 편안하게 하는 것도 있어. 예를 들어 자신의 손가락을 보면서 계속 말하는 거야. 손가락이 따뜻해진다고 말이야. 그 다음에는 손을 보고 손이 따뜻해진다고 말하지. 그러면 손이 아주 무거워지고 따뜻해질 거야. 이 따뜻한 기운은 팔을 지나 등과 목으로 올라올 거야. 마침내 기분 좋은 편안함과 안도감이 퍼질 거야.

이와 비슷한 연습을 통해서 불교도들은 정신을 집중해. 불교도들은 이것을 붓다에게서 배웠어. 사람이 자신의 몸에 짊어진 모든 짐을 털어 버리면 언젠가 그의 영혼은 가벼워지고 그 누구도 이 영혼이 니르바나로 가는 것을 더 이상 막을 수 없게 돼.

가르침의 수레바퀴

붓다는 깨달음을 얻은 뒤 인도의 대도시 바라나시로 갔어. 여기서 붓다는 예전에 같이 수행했던 다섯 명의 요가 수행자들을 다시 만났지. 요가 수행자들은 붓다가 자신들만 홀로 남겨 두고 가 버렸던 것에 대해 아직도 화가 나 있었어. 그러나 붓다에게서는 전과는 달리 온화함과 편안함과 만족감이 넘쳐흐르고 있었지. 요가 수행자들은 놀라서 어떻게 된 거냐고 물었어. 붓다는 네 가지 거룩한 진리와 여덟 가지 바른 길에 대해 이야기했고,

이것을 들은 요가 수행자들은 붓다를 따르게 되었지. 뿐만 아니라 수행자들은 다른 사람들에게도 붓다의 가르침을 전했단다. 바로 '가르침의 수레바퀴'가 움직이기 시작했던 거야. 여덟 개의 살을 가진 이 수레바퀴는 그 뒤로 불교의 상징이 되었어.

점점 더 많은 사람들이 붓다와 그의 제자들을 따르게 되자 그 숫자는 엄청나게 불어나 여러 무리로 나뉘어졌어. 붓다를 따르는 사람들은 상가에 모여 살았단다. 상가란 불교 수도승의 공동체야.

불교도가 되는 것은 매우 간단했어. "난 붓다에게 귀의한다! 난 다르마에 귀의한다! 난 상가에 귀의한다!" 이것을 삼귀의라고 하는데, 이 말을 외우는 사람이라면 누구나 공동체에 들어올 수 있었지. 그리고 곧 여덟 가지 바른 길로 접어들게 되었지.

모두가 수도승이 될 필요도 없었지만 아무나 수도승이 될 수도 없었어. 수도승은 신앙에만 전념하는 사람이야. 하지만 다섯 개의 규칙은 모두가 지켜야 했지. 불교도들은 생명체를 죽이거나 도둑질을 하거나 떠들썩한 축제를 벌이거나 방탕하게 살거나 거짓말을 하거나 술과 마약을 하면 안 되었어.

이 기본 규칙들은 불교도라면 누구나 지켜야 했어. 지금도 불교도들은 삼귀의를 외운단다. 이 말만 외우면 누구나 불교도가 될 수 있기 때문이지.

훗날 붓다의 가르침은 다라수 잎에 기록되어 세 개의 바구니에 보관되었어. 그래서 이 불교 경전을 세 개의 바구니란 뜻으로 삼장이라고 불러. 첫 번째 바구니에는 붓다의 삶에 관한 이야기가 들어 있어. 두 번째 바구니에는 수도승을 위한 규칙이 들어 있고, 세 번째 바구니에는 붓다의 가르침이 풀이된 종이가 들어 있지.

자동차로 혹은 버스로

붓다는 여든 살에 죽었어. 붓다가 죽자 붓다를 따르는 사람들은 여러 무리로 나뉘었어. 그리고 시간이 지나면서 그 여러 무리들은 붓다의 가르침을 서로 다르게 풀이했지. 훗날 이 무리는 대승불교와 소승불교로 나뉘는데, 소승불교는 수도승들만이 니르바나에 갈 수 있다고 말했어. 아직 수도승이 되지 못한 사람들은 수도승이 될 때까지 계속 다시 태어난다고 했지. 그래서 이 무리를 히나야나, 즉 작은 수레란 뜻인 소승불교라고 불러. 작은 수레에는 많은 사람들이 탈 수 없기 때문에 수도승들만 그걸 타고 니르바나에 갈 수 있다는 거지.

하지만 다른 무리에서는 이것이 올바르지 않다고 생각했어. 붓다는 누구나 니르바나에 갈 수 있다고 가르쳤기 때문에 이들은 "차라리 버스를 타자! 그럼 모두 니르바나에 갈 수 있잖아."라고 말했어. 이 무리를 마하야나, 즉 큰 수레란 뜻인 대승불교라고 부르지. 대승불교의 운전기사는 보살이야. 보살은 이미 스스로 깨달음을 얻었지만 다른 사람들이 여덟 가지 바른 길을 가도록 도와주기 위해 잠시 니르바나로 가는 걸 멈추고 다른 사람들을 위해 큰 버스를 운전하는 거야.

난 신이 아니다

많은 불교도들은 붓다를 신처럼 받들어 모시지만 붓다는 "난 신이 아니다! 너희는 내 가르침만 따르면 된다."라고 사람들에게 늘 말했어. 그런데도 사람들은 붓다를 우러러보았을 뿐만 아니라 받들어 모시고 그에게 기도하는 걸 좋아했지. 붓다를 따르는 사람들은 붓다가 죽은 뒤에 그를 위한 아름다운 사원도 지었어. 몇몇 사원 꼭대기에는 둥근 지붕이 있는데, 그것은 불교도들이 특히 신성하게 여기는 스투파야. 스투파는 탑과 비슷한 것인데 그 안에는 붓다의 머리카락과 뼈 그리고 옷 조각 같은 유품과 유물 들이 들어 있지. 그리고 많은 사원에는 붓다의 모습을 조각한 불상이 있는데, 불상은 가부좌를 튼 자세로 앉아서 얼굴에 만족스런 미소를 짓고 있거나 단 위에 길게 몸을 뻗고 오른쪽으로 누워서 손으로 머리를 괴고 있기도 해. 불교도들은 불상에 꽃이나 향불을 바치거나 금가루를 뿌리기도 한단다.

불교도들은 붓다의 생일인 음력 4월 8일에 특히 큰 축제를 벌이는데, 우리나라에서는 이 축제를 부처님 오신 날이라고 해. 불교도들은 이날 붓다의 삶에 관한 이야기를 듣고 연등 축제를 벌인단다.

미래의 붓다

불교가 전 세계 사람들에게 점점 더 많이 알려진 데는 한 스님의 활동이 큰 힘이 되었어. 그분이 바로 티베트 불교의 스승인 달라이 라마야.

달라이는 몽고어로 큰 바다라는 뜻이고, 라마는 티베트어로 스승이라는 뜻이야. 그러니까 달라이 라마는 바다와 같이 넓고 큰 스승이란 뜻이지. 달라이 라마의 지식이 큰 바다처럼 넓고 깊기 때문에 이렇게 부르는 거야.

티베트에서는 달라이 라마를 살아 있는 부처라고 해. 또는 살아 있는 관세음보살이라고 하기도 하지. 앞에서 보살은 스스로 깨달음을 얻어 혼자 니르바나에 갈 수 있는데도 다른 사람들을 위해서 세상에 머물고 있는 사람이라고 했어. 그러니까 티베트에서는 달라이 라마가 바로 그런 사람이라고 믿는 거지.

지금의 티베트 달라이 라마인 텐진 가초에 대해 들어 본 적 있니? 텐진 가초는 열네 번째 달라이 라마인데, 1935년에 가난한 농부의 아들로 태어났어. 이 달라이 라마는 세계를 돌아다니면서 언제나 어디서든 "평화롭게 지내시오!"라고 사람들에게 말한단다.

그런데 사람들은 텐진 가초가 열네 번째 달라이 라마라는 사실을 어떻게 알았을까? 불교도들에게는 달라이 라마가 죽으면 새로운 달라이 라마를 찾아내는 특별한 방법이 있단다. 예를 들어 어떤 때는 죽어 가는 달라이 라마가 자신이 어디에서 태어날지 실마리를 주기도 하고, 어떤 때는 스님들이 달라이 라마가 태어날 곳을 꿈에서 보기도 하지. 그러면 스님들은 꿈 속에서 본 곳으로 가서 아이들을 꼼꼼히 살펴본 다음 엄격한 심사를 한단다. 특히 마지막 시험에서는 아이들 앞에 물건 몇 개를 펼쳐 놓고 그 가운데서 죽은 달라이 라마의 것을 고르게 하지. 그 물건은 다시 태어난 달라이 라마만이 찾아낼 수 있어.

사이좋게들 지내시오

달라이 라마에게서는 아무도 거스를 수 없는 끝없는 자비가 퍼져 나와. 달라이 라마가 힘든 운명을 겪었다는 게 믿어지지 않을 정도야. 텐진 가초는 고향인 티베트가 중국 군인들에게 점령당하자 그곳을 떠나야 했어. 그래서 누구보다도 열심히 세상 사람들에게 "사이좋게들 지내시오! 폭력을 멈추시오! 전쟁은 세상에 재앙만 불러올 뿐입니다."라고 말하고 다닌단다.

달라이 라마가 외국을 방문하면 사람들은 그의 말을 듣기 위해 떼를 지어 몰려오지. 사람들은 달라이 라마에게 "어떻게 하면 제가 당신처럼 될 수 있을까요? 불교를 믿기 위해서는 어떻게 해야 하나요?"라고 묻는단다.

달라이 라마가 하는 대답을 들어 보면 그가 얼마나 관용적인 사람인지 알 수 있어. 달라이 라마는 전 세계 사람들에게 불교로 개종하라고 하지 않아. 달라이 라마는 언제나 사람들에게 자신이 믿고 있는 종교를 열심히 믿으라고 말한단다. 왜냐하면 모든 종교의 목적은 결국 진리에 다다르는 것이기 때문에 어떤 종교를 믿든 간에 바르게 살아갈 수 있다는 거지. 그것이 바로 걱정과 고통과 부당함 그리고 폭력 없는 세상을 만드는 길이야. 어떤 표지판을 보고 거기로 가느냐는 별로 중요하지 않지.

태양의 신, 비의 신, 추수의 신, 가축의 신! 신이 이렇게 많다고? 아니! 신은 하나야! 4000년 전에 살았던 아브라함은 세상에 수많은 신들이 있다는 것을 믿지 않았어. 아브라함에서 시작된 유대인들은 유일신을 믿은 첫 번째 사람들이었지. 훗날 그리스도교와 이슬람교에서도 유대인들의 신을 자신들의 신으로 만들었어. 이때부터 유일신에 대한 믿음이 시작된 거야.

유대교 이야기

유대교 이야기

정결하지 않아 • 67
하느님이 내린 613개의 율법 • 68
오직 하나뿐인 하느님 • 70
수많은 아브라함의 후손들 • 71
오늘은 쉬어야겠다 • 72
천국에서 시작된 삶 • 73
노아의 방주 • 74
날 얼마나 사랑하는지 보여 다오 • 76
실과 바늘처럼 • 78
버린 아이가 구원자로 • 79
소금물에 담근 음식 • 81
언제 도착하는 거예요 • 82
하늘에서 내려온 십계명 • 83
피할 수 없는 벌 • 85
힘보다는 머리로 • 86
궤는 어디에 • 88
통곡의 벽을 세우자 • 89
쫓겨나고 쫓기고 • 90
천 마디 말보다 나은 인사 • 92

정결하지 않아

와! 젤리 과자다! 플로리안이 놀이터에서 과자를 나눠 주자 모든 아이들이 미친 듯이 달려들었어. 하지만 다비드는 가만히 서 있었지. 아이들은 집으로 가는 길에 가게에서 감자튀김을 사 먹기로 했어. 이번에도 다비드는 싫다고 했어.
"왜 그래? 넌 아무것도 안 먹니?"
플로리안이 다비드에게 물었어.
"젤리 과자나 길에서 파는 감자튀김은 정결하지 않아."
다비드가 대답했어.
"뭐라고, 정결하지 않다고? 그건 좋지 않다는 뜻이니?"
"난 유대인이야. 우리는 정결한 것만 먹어야 해. 보통 가게에서 파는 젤리 과자나 거리에서 파는 감자튀김은 정결하지 않기 때문에 먹을 수 없어."

원래 '정결하다'라는 말은 깨끗하다, 순수하다라는 의미야. 이 단어는 유대교에서 왔어. 유대인에게 정결하다라는 말은 음식을 유대교의 규칙에

따라 요리했다는 뜻이야. 유대인의 음식에는 깨끗하지 못한 것이 들어 있으면 절대 안 되거든. 돼지고기가 거기에 해당되는데, 그 이유는 돼지가 여러 음식물 찌꺼기를 먹기 때문이지. 뿐만 아니라 유대인은 우유에 닿았던 고기도 절대 먹지 않아. 배 속에서도 우유와 고기가 만나서도 안 되지. 그래서 유대인은 위에서 고기가 완전히 소화되고 난 뒤에야 푸딩을 먹을 수 있단다.

젤리 과자는 젤라틴으로 만드는데, 젤라틴은 흔히 동물의 뼈나 가죽에서 나온 단백질을 가지고 만들기 때문에 정결하지 않아. 또 거리에서 파는 감자튀김은 소시지를 튀겨 낸 기름에서 튀겨 낸 건지도 모르잖아. 하지만 유대교 율법 학자인 랍비가 관리하는 식료품 가게의 젤리 과자는 유대인 아이도 먹을 수 있단다.

하느님이 내린 613개의 율법

거짓말을 하지 마라, 도둑질을 하지 마라, 사람을 죽이지 마라, 남을 속이지 마라 – 이것은 전 세계 어디서나 지켜야 하는 규칙이야. 그런데 유대인들에게는 이것 말고도 '반드시 해야 할 것'과 '하지 말아야 할 것'들이 많이 있어.

예를 들어 유대교에서는 언제, 어떻게, 어떤 물로 씻어야 하는지, 무엇

을 먹을 수 있고, 무엇을 먹으면 안 되는지, 또 언제, 무엇을 들판에서 거둬들여야 하는지 등 생활에 필요한 많은 것을 알려 준단다.

하느님은 이 율법을 예언자를 통해 유대인들에게 알려 주었어. 예언자는 하느님과 특별한 연결 통로를 갖고 있는 사람이야. 이 율법들은 3000~4000년 전에 만들어졌지만 믿음이 강한 유대인들은 지금도 여전히 이것을 지키고 있단다.

이 율법들은 유대인의 경전인 토라에 기록되어 있는데, 여기에는 유대인들이 지켜야 할 613개의 율법들이 들어 있어. 탈무드에는 유대인 학자들이 이 율법들에 대해 설명해 놓았단다.

모든 유대인 아이들은 토라 읽는 법을 배운단다. 그러기 위해 아이들은 우선 히브리어를 배워야 해. 왜냐하면 자신들의 조상이 하느님이 인간에게 말한 것을 히브리어로 적어 놓았거든. 모든 유대교의 교회에는 손으로 쓴 토라가 한 권씩 있는데, 이것은 책이 아니라 긴 두루마리로 된 특별한 종이야.

오직 하나뿐인 하느님

원래 우리는 모두 형제자매야. 맨 처음 인간은 지구의 첫 번째 남자와 첫 번째 여자 사이에서 태어났고, 그들의 아이와 그 아이들의 아이들로부터 수많은 가족과 민족이 생겨났지.

유대인들은 단순히 같은 종교를 가진 사람들의 공동체가 아니야. 유대인들은 어디에 살든지 모두가 서로 친척 관계란다. 왜냐하면 유대인들의 처음 조상이 4000년 전에 메소포타미아, 즉 지금의 이라크에서 양을 치던 유목민 아브라함이었기 때문이지.

아브라함은 하느님은 한 분이다고 굳게 믿은 첫 번째 사람이었어. 하느님은 매우 기뻐 상으로 아브라함의 후손들을 특별히 크고 강한 민족으로 만들어 주겠다고 약속했어. 게다가 그들만의 나라도 주겠다고 약속했지. 물론 아브라함도 자신의 아이들과 그 아이들, 또 그 아이들의 아이들 대대손손 오직 하느님 한 분만을 믿을 것을 약속했단다. 훗날 아브라함의 후손들은 이 하느님을 야훼(스스로 있는 자) 또는 아도나이(우리의 주님)라고 불렀어.

유대 민족의 역사는 이 아브라함에서 시작되었단다.

수많은 아브라함의 후손들

- 가족의 끈에서는 아무도 벗어날 수가 없어. 형제자매와 너무 심하게 싸워서 그들이 다시 보고 싶지 않을 때도, 고모가 너무 싫어서 도저히 견딜 수 없을 때도 마찬가지야. 모두 같은 핏줄이기 때문에 서로에게서 벗어날 수 없지.

오늘날 이 지구상에 살고 있는 1400만 명의 유대인들은 자신들이 아브라함의 후손이라 믿고 있어. 엄마가 유대인이면 태어난 아이는 모두 유대인이 되지. 엄마가 유대교를 믿느냐 안 믿느냐는 상관없어. 모든 유대 민족은 거대한 한 가족이야.

이제 유대인들은 다른 민족이 유대교를 믿는 것도 받아들이고 있어. 그렇지만 다른 민족이 아브라함의 후손이 되는 것은 아니야. 단지 유대교를 믿는 사람이 될 뿐이지. 그리스도교인들도 처음에는 유대인이었단다. 그리스도교인들이 하느님의 아들이라고 믿는 예수가 유대인 마리아에게서 태어났기 때문이지.

오늘은 쉬어야겠다

토라에는 옛날 옛적에 하느님이 어떻게 세상을 만들었는지 쓰여 있어. 하느님은 6일 동안 세상에 물과 땅이 갈라지게 하고, 여기저기에서 식물이 자라나게 했으며, 바다와 강과 호수에는 물고기들이 뛰어놀게 하고, 하늘에는 새들이 날아다니게 했으며, 들판과 사막과 숲에는 동물들이 북적거리게 만들었어. 그리고 마지막에는 사람도 만들었지. 일곱 번째 되는 날 하느님은 "오늘은 쉬어야겠다!"라고 말했어. 어쩌면 하느님은 세상과 거기에 속한 모든 것들을 잘 만들어 낸 것을 축하하고 싶었는지도 몰라.

오늘날에도 한 주의 일곱 번째 날인 일요일에 쉬잖아. 유대인들은 이날 하느님께 기도를 하고, 모든 것에 대한 감사를 드리며, 오랜 옛날 자신들의 민족이 겪었던 이야기를 읽어. 원래 유대인에게는 토요일이 쉬는 날이야. 유대인들의 한 주는 일요일에 시작되거든. 일요일이 쉬는 날로 된 것은 훗날 그리스도교인들이 만든 거야. 그리스도교인들은 예수가 일요일에 다시 살아났다고 믿고 있어.

유대인들은 매주 돌아오는 자신들의 휴일을 안식일이라고 부르는데, 안식일은 해가 진 금요일 저녁에 시작돼. 이때부터 유대인들은 일을 하면 안 돼. 청소를 하거나 장을 보거나 불을 피우거나 혹은 요리를 해서도 안 돼.

믿음이 강한 유대인 주부들은 안식일의 음식을 금요일에 미리 준비해서 토요일 저녁까지 따뜻하게 보관한단다.

안식일에 엄마가 양초를 켜면 모든 가족들이 예쁘게 꾸미고 거실에 모여. 그리고 토요일 오전에는 모두 교회에 가지. 교회는 유대인들에게는 만남의 장소인데 유대인들은 여기서 매주 토라 한 장을 읽는단다. 토라 전체가 1년 동안 이렇게 읽히는 거지. 해가 진 토요일 오후가 되면 안식일이 끝나.

천국에서 시작된 삶

성경의 많은 이야기들이 세상에 잘 알려져 있어. 속담이나 격언이나 비유 가운데는 성경에서 나온 것도 많아. 혹시 천국 같다는 말 들어 본 적 있니? 이것도 유대인 성경 속에 있는 이야기에서 나온 말이야.

아담과 이브는 하느님이 최초로 만든 인간이었는데 그들은 부족한 게 없었어. 아마 나중에 태어난 그 누구도 아담과 이브보다 잘 지내지는 못했을 거야. 하느님은 아담과 이브에게 살아가는 데 필요한 모든 것을 선물했던 거지. 아담과 이브는 먹을 게 항상 넉넉한 천국에 살았기 때문에 손가락 하나 까딱할 필요가 없었어.

그런데 하느님은 아담과 이브에게 딱 한 가지 어겨서는 안 될 조건을 제

시했어. 천국에 있는 선악과 나무의 열매를 절대로 먹지 말라고 했던 거야. 선악과는 먹으면 선과 악을 알게 되는 열매야. 아담과 이브는 모든 걸 다 가졌음에도 불구하고 그 선악과 맛이 어떨까 너무나 궁금했어. 금지된 열매가 늘 더 맛있어 보이잖아! 이브는 이 금지된 선악과에 대해서만 골똘히 생각했어.

어느 날 뱀이 이브에게 다가와 속삭였어.

"하나만 따서 먹어 봐! 하나만! 그러면 너희는 하느님처럼 될 거야!"

결국 이브는 참지 못하고 선악과 한 개를 따서 먹었어. 그리고 아담에게도 먹어 보라고 내밀었지.

아뿔싸! 하느님이 이 사실을 알고 말았어. 하느님은 모든 걸 보는 분이잖아. 하느님은 너무 화가 나서 아담과 이브를 영원히 천국에서 내쫓아 버렸어. 이때부터 아담과 이브는 사는 데 필요한 모든 것을 스스로 구해야 했어. 금지된 열매를 따 먹은 이것이 바로 인간의 첫 번째 죄였던 거지.

노아의 방주

죄를 지은 아담과 이브를 보며 하느님은 인간을 만든 것을 후회하고 마음 아파했어. 그리고 마침내 더 이상 참을 수가 없어서 이렇게 말했단다.

"이제 지쳤어! 내가 만든 땅 위의 모든 것을 없애 버릴 것이다."

하느님은 이 세상에 큰 홍수를 보냈어. 비가 내리고 또 비가 내리자 온 세상이 물속에 잠겼지. 하지만 하느님은 단 한 사람만은 안됐다는 생각이 들었어. 그 사람이 바로 노아야. 하느님은 늘 하느님의 말씀을 잘 따르던 노아를 구해 주고 싶었어. 그래서 큰 비를 내리기 전에 노아에게 이렇게 말했지.

"큰 배를 만들어서 모든 생명체의 암컷과 수컷을 데리고 타거라."

하느님은 그렇게 되면 홍수가 끝난 뒤에도 처음부터 다시 시작할 수 있을 것이고, 어쩌면 세상을 만드는 데 들인 모든 노력이 헛된 일이 아니었는지도 모른다고 생각했어.

비가 그치고 물이 증발하거나 땅속으로 스며들자 산과 섬 들이 바다 위로 다시 솟아올랐단다. 노아는 땅이 마르자 방주에서 내렸어. 그 뒤로 인간

과 동물 들은 자식과 새끼를 낳으며 계속해서 삶을 이어 갔지.

날 얼마나 사랑하는지 보여 다오

유대인의 역사는 노아의 후손들 가운데 하나인 아브라함에서 시작되었어. 아브라함은 모든 유대인들의 첫 조상이야. 하느님은 아브라함과 약속을 맺고 아브라함과 그의 아내 사라에게 놀랄 만한 큰 선물을 내렸어. 왜냐하면 유대인은 하느님이 선택한 민족이었기 때문이지.

아브라함과 사라는 둘 다 이미 90세가 넘었는데도 아이가 없었어. 둘에게는 아이만큼 절실한 것도 없었지. 그런데 세상에나, 갑자기 사라가 아이를 가졌지 뭐야! 사라가 아들을 낳자 아브라함은 아들에게 이삭이란 이름을 붙여 주었어. 아브라함은 이삭도 하느님과의 약속을 지킬 거라는 것을 알리기 위해 이삭에게 할례를 했단다.

오늘날에도 유대인들은 이 할례를 통해 하느님과 자신들이 약속을 맺었다는 것을 알린단다. 그래서 갓 태어난 모든 사내아이는 8일이 되면 성기 끝 살가죽을 잘라 내는 할례를 해. 유대인 가정에서 이 할례는 큰 축제야.

하느님은 아브라함에게서도 사랑의 증표를 받고자 했어. 늙은 아브라함이 어린 아들을 얼마나 사랑하는지를 본 하느님은 아브라함에게 자신과 아이 가운데 누가 더 중요한지 알고 싶었던 거야. 그래서 하느님은 아브라함을 어려운 시험에 들게 했지.

그 당시 사람들은 신에게 동물을 제물로 바쳤어. 아브라함도 하느님에게 동물을 제물로 바쳤지. 어느 날 하느님은 "내게 네 아들 이삭을 바쳐라!"라고 말했어. 아브라함은 깜짝 놀랐지만 하느님의 말을 따르려 했지. 아브라함은 이삭을 죽이기 위해 칼을 빼 들었단다. 그때 천사가 아브라함의 팔을 잡고는 수풀에 걸린 숫양을 가리키며 말했어.

"저기 저걸 이삭 대신 가져가거라!"

천사가 아브라함에게 이렇게 말하자 아브라함은 가슴에 박힌 돌덩이가 떨어져 나가는 것 같았어. 그리고 하느님에게 감사를 드렸지.

하느님도 아브라함이 자신을 따른 것에 대한 보상으로 그와의 약속을 지켰어. 아브라함에게 많은 후손을 주었던 거야. 이삭은 야곱이란 이름의 아들을 얻었고, 야곱은 다시 열두 명의 아들을 얻었어. 이 열두 명의 아들로부터 이스라엘의 열두 종족, 즉 이스라엘 민족이 생겼단다.

이스라엘은 '하느님과 겨루는 자'란 뜻이야. 이것은 야곱의 새로운 이름인데, 언젠가 천사의 모습으로 나타난 하느님과 싸운 적이 있기 때문에 붙여진 이름이지. 오늘날 지중해 남동쪽에 있는 이스라엘이란 나라 이름도 거기서 나왔어.

실과 바늘처럼

- 프란치스카는 슬펐어. 아빠가 다니는 회사가 문을 닫아서 가족이 전부 이사를 해야 했거든. 회사에서는 아빠에게 드레스덴에 있는 새 지부로 가서 일을 하라고 했어. 그런데 그때 갑자기 친구 마를레네도 가족과 함께 드레스덴으로 이사를 간다지 뭐야! 이제 프란치스카는 거기에 혼자 가지 않아도 돼. 프란치스카와 마를레네는 낯선 곳에서도 서로 도우며 잘 지내자고 약속했거든.

유대인들도 늘 이사를 다녀야 했어. 유대인들은 유목민이었기 때문에 가축을 데리고 먹이가 풍부한 곳으로 옮겨 다녀야 했지. 아브라함과 그의 가족들은 하느님의 명령에 따라 가나안으로 갔어. 요르단강 서쪽에 있는 이 지역이 축복받은 땅이라고 하느님이 아브라함에게 말했거든.

하지만 그곳에서도 아브라함의 후손들은 영원히 머무를 수 없었어. 먹을 게 없었기 때문에 그들은 다시 가나안을 떠나 비옥한 이집트로 가야 했지. 이집트인들은 유대인들이 별로 달갑지 않았지만 그곳에 머물도록 허락해 주었어. 왜냐하면 유대인들이 이집트의 왕인 파라오에게 복종했고, 노예가 되어 그곳에서 가장 힘든 일을 했기 때문이야. 예를 들어 피라미드를 짓기 위해 돌을 옮기는 일 같은 것을 했거든.

아브라함의 후손들은 노예라는 공동

운명 때문에 더 가까이 뭉쳤어. 유대인들은 고향을 떠나서도 서로 뭉치고 하느님에 대한 믿음을 지키며 살아갔지. 언젠가 하느님이 자신들을 축복의 땅으로 데려가기를 바라면서 말이야.

버린 아이가 구원자로

파라오는 노예들이 자신들의 예절과 관습을 잘 지키는 게 싫었어. 뿐만 아니라 유대인들이 아이를 많이 낳는 것도 못마땅했지. 그래서 파라오는 군인들을 시켜 새로 태어난 유대인 사내아이를 모두 죽이게 했어. 이때 한 아이 엄마가 몰래 아기를 숨겼는데, 그 아기가 모세였어. 모세가 세 살이 되자 너무 큰 소리로 우는 바람에 아기 엄마는 더 이상 아기를 숨기는 게 위험했지. 아기 엄마는 무거운 마음으로 모세를 바구니에 담아 나일강에 띄워 보냈어. 어쩌면 하느님이 이 아이를 구해 줄지도 모른다고 생각했지. 다행히 아기는 파라오의 딸에게 발견되었고, 파라오의 딸은 그 아기가 너무 마음에 들어 키웠어. 파라오의 딸은 모세가 하느님에 의해 이스라엘 사람들을 구할 사람으로 선택받았다는 사실을 몰랐던 거야.

모세도 아브라함처럼 하느님과 통하는 특별 통로가 있었어. 어느 날 모세가 들판에서 가축을 지키고 있을 때였어. 모세는 불타고 있는 가시덤불을 보고 있었는데, 불 속에서 갑자기 목소리가 들려왔어.

"모세야! 모세야! 난 너의 하느님이다! 파라오에게 가서 네 백성들을 데리고 이집트를 떠나겠다고 말하거라. 네가 백성들을 이끌어야 한다!"

파라오는 모세의 말을 들은 척도 안 했어. 파라오가 뭣 때문에 노예들을 놓아주겠니?

파라오는 "안 된다, 너희는 이곳에 있어야 해!"라고 모세에게 말했어. 그러자 하느님은 이집트인들에게 열 가지의 재앙을 내렸단다. 맨 처음 나일강이 피처럼 붉게 변했고, 여기저기에 더러운 냄새를 풍기는 개구리들도 많아졌지. 또 먼지가 나쁜 벌레로  변해 온갖 것을 찔러 댔고, 파리도 엄청난 고통을 안겨 주었어. 그러자 가축은 심한 병에 걸렸고, 사람들도 더러운 고름 주머니가 생겼지. 게다가 우박이 섞인 폭풍도 사납게 몰아쳤어. 하지만 파라오는 여전히 뜻을 굽히지 않았어. 하느님은 또다시 메뚜기 수백만 마리를 보내 나무와 덤불을 뜯어 먹게 했어. 그 뒤에는 나라가 3일 밤낮으로 어둠에 휩싸이자 사람들은 두려움에 떨었고 아이들은 계속 울어 댔지. 그러나 이것도 파라오의 고집을 누그러뜨리지 못했어.

다시 하느님이 모세에게 말했어.

"오늘 밤 나는 모든 이집트인의 집에서 그들의 맏아들을 죽일 것이다. 너희 유대인은 양을 잡아 그 피를 문기둥에 바르거라. 그리하면 내가 너희가 어디에 사는지 알게 될 것이니 너희 아이들은 무사할 것이다. 너희는 얼른 짐을 싸고 빵을 조금 먹은 다음 출발할 준비를 하거라!"

파라오는 밤이 되자 백성들이 울부짖는 소리를 듣고 모세를 불렀어.

"더 이상 너희 유대인들은 꼴도 보기 싫으니 얼른 이 땅에서 떠나거라!"

모세는 곧바로 유대인들을 이끌고 이집트를 출발해 약속의 땅으로 떠났어.

소금물에 담근 음식

유대인들은 3000년 이상이 지난 지금까지도 이집트를 빠져나온 것을 마치 어제 일처럼 기뻐해. 유대인들은 해마다 일주일 동안 유월절 축제를 벌이는데, 여기서 유월은 넘어간다는 뜻이야. 하느님이 이집트인들의 아들을 죽일 때 유대인 집은 왼편에 두고 그냥 넘어갔다는 거지.

유월절은 유대인들의 달력으로 1월 15일이야. 부활절 무렵과 비슷하지. 유대인들은 이 기간에 자신들의 조상이 그랬던 것처럼 누룩을 넣지 않은 딱딱한 빵인 무교병만 먹어. 자신들의 조상이 이집트를 급히 떠나기 위해 누룩을 넣은 빵을 만들 수 없었던 것을 기억하는 거지.

유월절이 시작되는 첫날 저녁에는 모든 유대인의 집에서 아버지가 하가다를 읽는단다. 하가다는 노예로 살던 이스라

엘 민족이 모세를 따라 이집트에서 탈출한 일에 관한 이야기야. 그 뒤에 그때의 일을 떠올리게 하는 음식들로 식사를 하지. 예를 들어 유대인들이 하느님께 바쳤던 양을 나타내는 구운 고기 한 조각과 파라오 밑에서 힘들었던 노예 생활을 나타내는 고추냉이와 여러 가지 쓴 약초 그리고 유대인들이 이집트인들의 집과 궁을 짓기 위해 구워야 했던 점토 그릇의 색을 떠오르게 하는 사과와 호두로 만든 죽 등이 그 음식이란다.

　유대인들은 모든 음식을 소금물 속에 담그는데, 그것은 자신들의 조상이 나일 강가에서 노예 생활을 할 때 흘렸던 땀과 눈물을 잊지 않기 위해서야.

언제 도착하는 거예요

　수잔네와 봅은 엄청 신났어. 엄마 아빠와 함께 산으로 여행을 떠나기로 했거든. 오두막에서 잠도 자고, 아주 높은 산봉우리에도 오를 거야. 산을 넘어 이탈리아로 갈 계획도 세웠지. 드디어 여행을 가기로 한 날이야! 아이들은 부모님을 따라서 열심히 산길을 걸었어. 저녁이 되어서야 첫 번째 오두막에 도착했지.
　산에서 해가 지는 것을 보는 게 얼마나 아름다운 줄 아니? 아이들은 부모님께 짚더미 속에서 자도 된다는 허락을 받았단다. 그날 밤 수잔네와 봅은 이탈리아에 대한 꿈을 꾸었어. 그리고 다음 날 아침 씩씩하게 출발했지. 하지만 세 번째 날에는 태양이 너무 쨍쨍하게 내리쬐는 데다가 발도 아프고 피곤했어.
　"대체 언제 도착하는 거예요?"
　수잔네와 봅이 칭얼거렸지.

- "여기도 아름다운데 꼭 더 가야 하나요?"
- 수잔네와 봅은 더 이상 이탈리아에 관심이 없었단다.

모세가 이끌었던 사람들도 이집트를 떠나자 곧바로 불평을 시작했어. 그것은 어쩌면 당연한 일이었어. 크고 작은 짐을 메고 사막을 걸어간다는 게 얼마나 힘들겠니! 유대인들은 끝없이 떠도는 것보다 자유롭지 못했던 이집트에서의 생활이 더 좋게 여겨졌던 거야. 그래서 모세가 하느님의 예언자라는 것을 알았는데도 불구하고 불평을 늘어놓았단다.

유대인들이 시나이산에 도착했을 때 모세는 하느님에게 더 가까이 다가가기 위해 산으로 올라갔어. 아마도 하느님은 유대인들의 앞길을 알려 줄 거야.

하늘에서 내려온 십계명

모세는 40일 밤낮을 시나이산에 머물렀어. 갑자기 천둥이 울리고 번개가 치고 바람이 사납게 휘몰아쳤지. 그때 모세는 하느님으로부터 새로운 메시지를 받았단다.

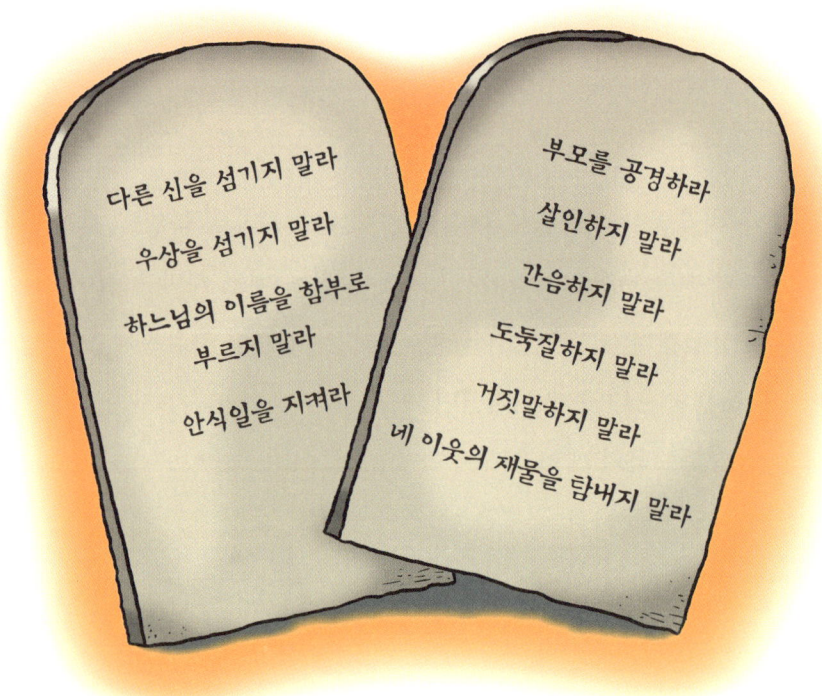

"나는 너희의 하느님이고, 나는 스스로 있는 자 야훼니라!"

하느님은 모세에게 자신은 여전히 유대인들을 특별한 존재로 생각하고 있으며 이것을 전하라는 명을 내렸어. 하지만 그러기 위해서는 유대인들이 하느님을 굳게 믿어야 하고 하느님의 명을 따라야 했지. 하느님은 십계명이 새겨진 두 개의 돌판을 모세에게 주었단다.

그 밖에도 하느님은 모세에게 세상의 창조에 대해, 아담과 이브에 대해, 노아의 방주에 대해, 그리고 다른 여러 가지 이야기를 들려주었지. 모세는 십계명을 가지고 산을 내려왔어.

피할 수 없는 벌

모세가 시나이산에 올랐을 때 백성 가운데 몇몇이 이전에 믿었던 신들에게 다시 기도하기 시작했어. 하느님은 이것에 대해 너무 실망한 나머지 모세에게 이렇게 말했단다.

"그래도 나는 너희를 용서하고 약속의 땅으로 이끌 것이다. 그러나 너희의 자녀와 그 자녀의 자녀들 때가 되어서야 비로소 그곳에 도착하게 될 것이다."

실제로 유대인들은 조상의 땅인 가나안에 도착할 때까지 무려 40년 동안이나 사막을 헤맸어. 그 세월 동안 유대인들은 십계명이 새겨진 돌판을 커다란 나무 상자에 넣어서 끌고 다녔지. 이 상자를 유대인들은 계약의 궤라고 불렀어. 왜냐하면 거기에는 하느님이 그들과 약속을 맺기 위해 내린 지침이 들어 있기 때문이야.

하지만 모세는 약속의 땅에는 이르지 못했어. 가나안에 도착하기 전에 죽

었기 때문이지. 모세는 하느님이 자신에게 했던 이야기를 백성들에게 알려 주었어. 이 이야기는 나중에 기록되었는데, 지금까지도 전해지고 있는 모세 5경이 그것이야. 거기에는 613개의 율법도 들어 있어. 그 가운데 가장 중요한 내용은 하느님이 언젠가 유대인에게 왕을 보내 그들을 모든 고통에서 벗어나게 한다는 거야.

유대인들은 유월절로부터 7주 뒤인 칠칠절이 되면 모세가 시나이산에서 십계명을 받은 것을 축하하기 위해 밤새도록 토라를 읽고 집을 꽃으로 꾸민단다. 왜냐하면 이때쯤 겨울이 지난 뒤 첫 새싹이 난 나무에서 첫 열매가 열리거든.

유대인들은 가을에 초막절을 열어. 초막절은 유대인들에게 조상들이 40년 동안 사막을 헤매면서 천막을 치고 살아야 했던 것을 떠올리게 해 준단다. 그래서 집집마다 정원이나 난간에 나무와 나뭇잎으로 오두막을 짓고 열매로 꾸미지. 오두막을 지을 장소가 없는 도시 사람들은 유대인 교회에 지어 놓은 오두막으로 간단다.

힘보다는 머리로

야곱의 아들의 후손인 열두 종족은 약속의 땅에 도착한 뒤 서로 땅을 나뉘 가졌어. 수백 년 동안 제사장들이 이 종족들을 이끌었지. 제사장들은 하느님의 말씀을 풀이해 주는 똑똑한 사람들이었어. 하느님은 유대인들에게 그들의 왕을 주었단다. 하지만 그 왕은 하느님이 약속한 왕은 아니었어. 유대인들의 첫 번째 왕은 사울이었어. 그 다음에는 사울의 사위인 다윗이 왕위에 올랐단다. 다윗은 하느님의 영광을 기리기 위해 수많은 아름다운 시와 노래를 지었는데, 이 시와 노래를 시편이라고 불러.

아마 다윗의 이름은 다윗과 골리앗 이야기에서 한 번쯤 들어 봤을 거야. 유대인과 이웃하여 살았던 블레셋 사람들은 이스라엘 사람들과 늘 땅 때문에 싸웠어. 블레셋에는 몸집이 아주 큰 무사가 있었는데, 감히 누구도 그에게 싸움을 걸지 못했어. 이 무사의 이름은 골리앗이었지. 골리앗은 "너희들 가운데 한 사람이라도 나를 이기면 우리는 너희의 노예가 되겠다. 하지만 아무도 나를 이기지 못할 때에는 너희가 우리를 섬겨야 할 것이다!"라고 큰소리를 쳤어.

이스라엘 사람들은 어느 누구도 감히 나서지 못했어. 이때였어. 다윗이 돌멩이 하나를 정확히 골리앗의 이마에 맞췄던 거야. 거대한 골리앗은 완벽하게 싸움 준비를 하고 무기까지 가졌지만 쓰러져 버리고 말았지. 결국 이스라엘은 블레셋과의 싸움에서 이겼고, 다윗은 상으로 이스라엘의 공주와 결혼해 훗날 이스라엘의 왕이 되었어.

다윗의 아들인 솔로몬 왕은 수도

인 예루살렘에 하느님의 첫 사원을 짓게 했어. 계약의 궤는 사원의 특별한 장소에 보관되었지. 이 사원은 아브라함이 하느님에 대한 충성을 보여 주기 위해 자신의 아들 이삭을 바치려 했던 바로 그 장소에 서 있단다.

궤는 어디에

유대인들은 자신들의 하느님에게 항상 충실하지는 않았어. 그래서 하느님은 늘 사람들 사이에 예언자를 보내 아브라함의 백성들에게 하느님의 말씀을 지키지 않으면 너희는 왕국을 잃게 될 것이라고 경고했지. 그리고 실제로 그렇게 되었단다.

이스라엘 주변에는 유대인의 땅에 눈독을 들이는 많은 다른 종족들이 살았는데, 기원전 600년에 그 가운데 하나인 바빌로니아인들이 쳐들어왔지. 바빌로니아인들은 예루살렘을 점령하고 사원을 파괴했어. 그때 계약의 궤가 사라져 버렸는데, 그 뒤로 다시 나타나지 않았어. 고고학자들은 지금도 여전히 계약의 궤와 십계명이 새겨진 돌판을 찾고 있단다.

싸움에서 패한 이스라엘 사람들은 고향에서 쫓겨나거나 바빌로니아로 가야 했어. 50년 뒤에야 비로소 바빌로니아를 정복한 페르시아 왕이 이스라엘 사람들에게 고향으로 돌아가도 좋다고 허락했지. 이스라엘 사람들은 곧 새로운 사원을 짓기 시작했어. 새 사원은 옛날 것보다 훨씬 더 화려했지. 하지만 600년 뒤에 로마인들이 이 사원도 부수어 버렸어. 지금은 예루살렘에 단 한 개의 통곡의 벽만 남아 있어. 이 벽은 유대인들에게 최대의 성전이야.

통곡의 벽을 세우자

베레나는 학교에서 강림절 때 뭔가 특별한 것을 하기로 했어. 선생님이 통곡의 벽을 세우자고 말했기 때문이야.
"그게 뭔데요?"
아이들은 궁금해서 선생님에게 물었어.
"구두 상자를 벽돌처럼 쌓아서 벽을 만든 다음, 학교에 대한 불만을 쪽지에 써서 그것을 벽의 틈새에 꽂아 놓는 거야. 누구 쪽지인지 모르게 말이야. 그리고 방학이 되기 전에 쪽지들을 함께 읽어 보자꾸나. 그러면 내년에 우리가 뭘 고쳐야 하는지도 알게 될 거고, 우리의 학교 생활도 좋아질 거야."

선생님의 이러한 생각은 예루살렘에 남아 있는 통곡의 벽에서 따온 거야. 오늘날에도 유대인들은 하느님에게 기도하기 위해, 걱정거리나 소원을 말하기 위해 통곡의 벽으로 간단다. 유대인들은 가슴 속에 품은 말을 작은

쪽지에 적어 벽의 틈새에 끼워 넣지. 걱정거리란 어디다 풀어 놓기만 해도 도움이 되잖아.

사원이 두 번째로 파괴되었을 때 유대인들은 사원뿐만 아니라 고향까지 잃게 되었어. 그 뒤로 유대인들은 세계 곳곳으로 뿔뿔이 흩어졌지. 비록 오늘날에는 다시 이스라엘이란 이름으로 국가를 세웠지만 말이야.

통곡의 벽은 유대인들의 조상이 만든 것 가운데 유일하게 남아 있는 것이란다. 유대인들은 하느님이 약속한 구원자가 오면 예루살렘에 다시 사원을 세울 거래. 유대인들의 이러한 소원은 서로에게 하는 "내년에는 예루살렘에서!"란 축복의 기도에서도 분명하게 알 수 있단다.

쫓겨나고 쫓기고

하느님이 약속의 상대로 유목민을 선택한 게 문제였을까? 세계 역사상 어느 민족도 그렇게 자주 고향을 떠나야 했던 적은 없었어. 다른 어떤 민족도 그렇게 자주 쫓겨나거나 쫓기거나 죽임을 당하지도 않았지. 유대인들은 이런 일이 20세기까지 이어졌어. 유럽에서도 유대인들은 오래도록 그들이 모여 살도록 법으로 정해 놓은 지역인 게토에서만 살아야 했지. 뿐만 아니라 그리스도교인들까지도 유대인들을 박해했어. 그리스도교를 만든 예수도 유대인이었는데 말이야. 그리스도교인들은 자신들의 메시아인 예수 그리스도의 죽음이 유대인 때문이라고 비난했어.

20세기에 독일에서는 600만 명의 유대인들이 잔인하게 죽임을 당했어. 당시 히틀러 밑에서 권력을 잡고 있던 나치들은 사람을 인종별로 나누고는 유대인은 살 가치가 없는 사람이라고 선포했어. 유대인들은 옷에 자신들을 나타내는 별을 달아야 했어. 히틀러는 유대인들을 한 명도 남기지 않고 다 죽여 버리려고 했지. 독일에서 도망가지 못한 유대인들은 강제 수용소로 끌려가 끔찍한 환경에서 일하거나 죽임을 당했어. 많은 유대인을 죽음으로 내몰았던 이 사건을 홀로코스트 또는 쇼아라고 부른단다.

유엔은 이런 끔찍한 일이 다시 일어나지 않도록 유대인들에게 그들의 고향에 이스라엘이라는 국가를 세우게 해 주었어. 오랫동안 동유럽이나 아프리카에 살던 수많은 유대인들이 자신들이 살던 곳의 푸대접에서 벗어나 이스라엘로 갔지. 그렇지만 모든 유대인이 이스라엘로 돌아간 건 아니었어. 대부분 자신들이 이미 오랫동안 살아온 곳에 자리를 잡고 그 나라의 국민이 되어 살려고 했지. 미국에도 600만 명의 유대인들이 살고 있단다.

이스라엘에도 평화가 찾아온 건 아니었어. 오히려 반대였지. 이스라엘이 세워진 곳에는 이미 오래전부터 팔레스타인들이 살고 있었는데, 이스라엘이 그 땅을 다시 차지하는 바람에 팔레스타인들과 부딪치게 되었지. 영토를 둘러싼 이스라엘과 팔레스타인의 문제는 아직도 풀리지 않고 있단다.(유대인들의 수도인 예루살렘은 이슬람교도인 팔레스타인들에게도 특별한 곳이야. 거기에 이슬람교의 성전이 있거든.) 그런데 중요한 건 약속의 땅을 얻기 위한 이 전쟁의 목적이 신앙이 아니라 권력이라는 거야.

천 마디 말보다 나은 인사

유대인들에게 평화란 하느님과 평화롭게 지내는 것으로부터 시작돼. 그래서 유대인의 최고 명절인 욤키푸르는 자신의 죄를 씻고 하느님과 화해하는 날이야.

이날은 유대인들의 새해가 시작되는 9월에 있는데, 이 욤키푸르도 옛 유대 민족의 역사와 관련이 있어. 아주 오래전 예루살렘 사원이 파괴되지 않았을 때의 이야기야. 당시 최고 사제는 1년 가운데 유일하게 욤키푸르 때만 계약의 궤와 십계명이 새겨진 돌판을 들고 사원에 들어갈 수 있었지. 해마다 이 특별한 날이 되면 유대인들은 하느님께 그동안 자신이 저지른 죄를 용서해 달라고 빈단다.

모든 유대인들이 성경에 적힌 613개의 율법을 엄격하게 지키는 건 아니야. 예를 들어 개혁 유대인들은 모세 때 이후로 세상이 많이 바뀌었기 때문에 오늘날에는 옛 율법의 많은 부분이 의미가 없다고 주장해. 하지만 십계명은 아직도 널리 쓰여.

유대인들은 어디에 살든지 간에 "샬롬!"이라고 인사해. 샬롬은 평화라는 뜻이야. 이것은 하느님이 유대 민족에게 내린 약속을 떠올리게 하지. 또한 그 인사에는 모든 사람들이 간절히 바라는 세계 모든 종교의 공통된 목표도 들어 있단다.

예수 그리스도는 혁명가였어.
당시 유대인들에게 두루 쓰이던 가치와 율법을 모두
뒤집어엎은 사람이었지. 예수가 주장한 것은 간단했어.
사람들이 성경을 문자 그대로 따르는 것보다
하느님을 사랑하는 게 더 중요하다는 거야.
왜냐하면 하느님은 가난하든 부자든 믿음이 강하든
죄가 있든 가리지 않고 모두를 사랑하기 때문이야.
하느님 앞에서 모든 사람은 평등했지.
바로 여기에서 그리스도교가 시작된 거야.

그리스도교 이야기

그리스도교 이야기

크리스마스를 기다리며 · 97
한 아이의 탄생을 기뻐하며 · 98
책 중의 책, 성경 · 99
둥지 속 뻐꾸기 알 · 100
아기 침대가 되어 버린 구유 · 101
힘을 잃을까 봐 두려운 왕 · 103
성전은 내 아버지의 집이에요 · 104
하늘에서 내려온 신호 · 105
게네사렛의 사람을 낚는 어부 · 106
더러운 아이들과 놀지 마 · 108
연이은 기적 · 109
원수가 되어 버린 율법 학자 · 110
예수를 배반한 유다 · 112
예수는 죄가 없어 · 113
난 항상 너희와 함께 있다 · 114
사랑하는 하느님, 감사해요 · 116
그리스도의 대변인 교황 · 118
사랑 대신 두려움이 · 119
하느님의 이름으로 행해진 폭력 · 119
서로 다른 교회들 · 120
하나가 되자 · 122

크리스마스를 기다리며

- 율리아는 기분이 좋아. 2주 뒤면 크리스마스거든! 온 집 안에 쿠키와 생과자 냄새가 맴돌아. 어두워지면 가족들이 모이고 엄마는 강림절 초에 매주 하나씩 불을 붙이지. 벌써 두 개의 초에 불이 붙었단다. 네 개의 촛에 전부 불이 붙으면 크리스마스야. 집에는 비밀스런 크리스마스 방도 있어. 거기에는 아무도 들어가면 안 돼. 왜냐하면 크리스마스이브에 받게 될 선물이 그곳에 숨겨져 있기 때문이지. 게다가 곧 겨울 방학도 시작돼. 와, 신난다!

많은 사람들에게 크리스마스는 1년 중 가장 즐거운 시간이야. 12월 25일 전 4주간을 강림절이라고 불러. 강림절은 도착의 시간이란 뜻이야. 그리스도교인들은 강림절 때부터 예수 그리스도가 태어난 날인 크리스마스를 기다린단다. 그리스도교인들은 예수를 하느님의 아들이라고 생각해. 그래서 그리스도교인들은 크리스마스가 되면 예수의 탄생을 축하하며 서로 선물을 주고받는단다. 그리스도교를 믿지 않는 사람들도 이 관습을 받아들

였어. 특히 어린아이들이 크리스마스 선물을 기다리지.

우리가 현재 사용하는 시간 계산도 예수의 탄생과 관련이 있어. 사람들은 예수가 태어난 해를 새로운 시간의 시작이라고 생각했어. 그래서 예수가 태어난 해를 원년으로 삼았지. 그러니까 지금 우리는 기원후 2007년에 살고 있는 거야. 줄여서 2007년이라고 쓰지. 예수 탄생 이전은 기원전이라고 해.

한 아이의 탄생을 기뻐하며

한 아기의 탄생 때문에 지금까지도 그렇게 많은 사람들이 기뻐한다는 것은 정말 놀라운 일이야! 이미 2000년이나 지난 일인데 말이야. 이날 밤을 기리는 노래인 '고요한 밤, 거룩한 밤'은 전 세계적으로 유명해.

그리스도교는 약 20억 명의 사람들이 믿는 세계 최대의 종교야. 지구에 사는 사람 세 명 가운데 한 명은 그리스도교인이라고 할 수 있지. 우리나라에도 약 1375만 명의 사람들이 교회에 다니고 있어.

교회는 사람들이 신에게 기도를 올리는 건물만 가리키는 게 아니야. 같은 신을 믿고 같은 방식으로 신을 섬기는 사람들의 공동체를 뜻하기도 해. 그리스

도교인들에게 가장 큰 두 개의 교회는 로마 가톨릭 교회와 개신교회란다. 하지만 그 외에도 몇 개의 교회가 더 있지.

책 중의 책, 성경

많은 사람들이 그리스도교의 교리와 이야기를 잘 알고 있는 것은 성경과 깊은 관계가 있어. 다시 말해 그리스도교의 성경에는 그리스도교인들이 믿는 모든 것이 쓰여 있지. 성경은 세계에서 가장 많이 팔린 책이야. 성경은 2200개가 넘는 언어로 번역되었고, 지금까지도 매년 2100만 번씩 인쇄되고 있어.

그리스도교인들은 성경의 일부를 유대인들에게서 넘겨받았는데 그리스도교에서는 그것을 구약이라고 불러. 초기의 그리스도교인들은 유대인들이었어. 예수도 유대인으로 태어났지. 그리스도교인들도 아브라함의 이야기와 하느님이 모세에게 십계명을 준 이야기를 믿고 있어. 이 이야기들은 그리스도교에서도 널리 읽힌단다.

그리스도교 성경에는 두 번째 부분, 즉 신약이 있어. 신약은 마가, 마태, 누가, 그리고 요한 이 네 명의 사람이 예수와 예수의 삶에 관해서 자신들이 아는 것을 기록해 놓은 거야. 이들은 예수로부터 몇 십 년 뒤에 살았던 사람들인데, 복음서 지은이라 불리지. '기쁜 소식의 전달자'란 뜻이야. 왜냐하면 예수가 하느님과 자신의 의지, 그리고 인간의 구원에 관해 세상에 널리 알린 가르침을 복음, 즉 '기쁜 소식'이라 부르기 때문이지. 이것이 그리스도교의 핵심이야.

신약은 복음과 편지와 예언서로 이루어져 있어. 신약 마지막 부분에는 세상의 끝에 대해서 쓰여 있는데, 여기에는 죽었던 모든 사람들이 다시 살아나고, 하느님의 명을 따랐던 사람들은 영원히 행복한 삶을 살 거라고 쓰여 있어.

무엇보다 그리스도교의 가장 중요한 교리는 사람은 혼자가 아니라는 거야. 무슨 일이 일어나든 하느님은 사람들을 도울 거야. 그래서 하느님은 자신의 아들인 예수 그리스도를 세상에 보냈고, 예수는 사람들을 위해 죽었지. 하느님이 사람들의 죄를 용서해 주도록 말이야.

둥지 속 뻐꾸기 알

- "나 원 참, 뻐꾸기 알을 내 둥지에 넣어 놓았군!"
- 이것은 누군가가 자신의 책임을 다른 사람에게 슬쩍 떠넘겼을 때 쓰는 말이야.
- 뻐꾸기 암컷은 알을 직접 부화시키기에는 너무 게으르기 때문에 자기 알을 다른 어미 새의 둥지에 슬쩍 넣어 버린단다. 그러면 다른 어미 새는 그것도 모르고 뻐꾸기 알도 함께 부화시키지.

예수도 그런 뻐꾸기 알이었어. 예수는 목수인 요셉과 그의 아내 마리아의 아들로 태어났어. 하지만 원래 예수는 하느님의 아들이었지. 단지 성실한 목수의 둥지 안으로 던져졌던 거야.

어느 날 천사 가브리엘이 처녀인 마리아에게 나타나 말했어.

"넌 아들을 갖게 될 것이다. 이 아이는 하느님의 자식인데 하느님은 인간을 구원하기 위해 이 아이를 세상에 보낸 거란다. 하느님은 이 아이가 인간으로 태어나게 하기 위해 너를 그 아이의 엄마로 선택하셨다. 그 아이를 예수라 부르거라. 언젠가 그 아이는 자기의 백성을 죄로부터 구원해 낼 것이다."

마리아로부터 천사의 말을 전해 들은 요셉은 처음에는 별로 달갑지 않았어. 그러나 마리아는 결국 요셉의 아내가 되었어. 그리고 하느님을 굳게 믿었던 요셉은 이 뻐꾸기 알을 친아들처럼 키우겠다고 말했지.

마리아와 요셉은 유대인이었어. 요셉의 가족은 다윗왕의 후손이었지. 옛 성경에는 다윗의 집안에서 메시아가 나올 거라고 쓰여 있었단다.

아기 침대가 되어 버린 구유

마리아와 요셉은 오늘날 이스라엘 북부에 있는 갈릴리의 나사렛에 살았어. 마리아가 배가 많이 불렀을 때 마리아와 요셉은 먼 여행을 떠나야 했단다. 당시 갈릴리를 다스리던 로마 황제 아우구스투스는 인구 조사를 실시했어. 그래서 모든 사람들은 황제의 인구 조사에 참여하기 위해 가족과 함께 태어난 곳으로 가야 했어. 요셉은 베들레헴 출신이었기 때문에 마리아와 함께 베들레헴으로 갔단다.

베들레헴은 상당히 북적거렸어. 마리아와 요셉만 황제의 명을 따른 게 아니었거든. 마리아와 요셉은 방을 구하지 못했어. 그런데 하필 그때 아이가 나오려 하는 거야! 요셉은 마구간을 발견했고, 마리아는 그곳에서 아이를 낳았지. 아기 침대가 없었기 때문에 요셉과 마리아는 가축 먹이통이었던 구유에 예수를 뉘였단다.

- 많은 그리스도교인들은 크리스마스 날 이 구유의 모형을 만들고 장식된 전나무 아래 앉는단다. 그리고 그 주위에 나무로 된 나귀와 양과 소도 놓아두지. 정말 마구간처럼 보이게 하려고 말이야. 교회에서도 크리스마스 무렵에는 예수의 탄생을 축하하기 위해 이런 구유들을 놓아두잖아.

예수가 태어나던 날 밤 천사들은 노래했어. 천사들은 하느님을 위해 늘 하늘과 땅 사이를 오고 갔지. 천사 가운데 하나가 야외에 천막을 친 몇몇의 양치기에게 날아가 말했어.

"두려워 말거라! 다윗의 도시인 베들레헴에서 구세주가 탄생했다. 구세주는 구유 속에 누워 있느니라."

구세주는 세상을 구하는 사람, 즉 구원자란 뜻이야. 그렇다면 예수가 유대인들이 그렇게 오랫동안 기다리던 그 구원자였을까?

양치기들은 이 아이를 보기 위해 베들레헴으로 달려갔어. 양치기들은 예수를 보자 무릎을 꿇고 우러러 모셨단다.

힘을 잃을까 봐 두려운 왕

이 무렵 하늘에서는 혜성처럼 꼬리가 달린 특별한 별이 떠다녔어. 그리고 이것을 현명한 동방박사들도 보았지. 그 별은 점성술사인 동방박사들에게 구세주가 태어났다는 것을 알려 주었단다. 성경에 나와 있는 유대인의 진짜 왕 말이야. 동방박사들은 그 별을 따라갔고 마구간을 발견했어. 그리고 구유 속에 누워 있는 아이에게 자신들이 지니고 있던 것 가운데 가장 귀

한 것을 선물했지. 황금, 유약, 몰약 같은 것을 말이야. 몰약은 귀한 기름을 짜낼 수 있는 약초였지.

그 무렵 로마인들에 의해 왕좌에 앉아 있던 헤롯왕도 예수가 태어난 것을 알게 되었어. 헤롯왕은 자신의 힘을 약화시킬지도 모른다는 생각에 무조건 이것을 막아야겠다고 생각했어.

그래서 베들레헴에서 새로 태어난 모든 사내아이들을 죽이게 했지. 하지만 예수는 목숨을 구했어. 천사 한 명이 요셉에게 이러한 사실을 알려 줘서 제때에 가족과 함께 이집트로 도망칠 수 있었거든. 그리고 몇 년 뒤 헤롯왕이 죽자 요셉과 마리아와 예수는 나사렛으로 돌아왔단다.

성전은 내 아버지의 집이에요

예수는 아주 똘똘한 아이였어. 마리아와 요셉은 예수와 함께 예루살렘에 다녀온 뒤 그것을 알아챘지. 요셉과 마리아는 해마다 유월절 축제 때 성전에 제물을 바치기 위해 예루살렘으로 갔어. 유대인들은 유월절 축제 때 조상들이 이집트의 노예 생활에서 벗어나게 된 것을 축하하거든.

한번은 예수가 열두 살이 되었을 때 예루살렘의 혼잡한 거리에서 사라져

버린 일이 있었어. 3일이 지나서야 마리아와 요셉은 예수를 다시 찾을 수 있었는데, 글쎄 성전에서 사람들에게 성경을 설명해 주는 율법 학자들 곁에 앉아 있더래. 마치 아무 일도 없었던 듯이 말이야. 예수는 율법 학자들에게 영리한 질문을 많이 했지. 하지만 마리아는 예수가 말없이 사라진 것을 나무랐단다. 얼마나 걱정했겠니! 그러자 예수가 이렇게 대답했대.

"제가 제 아버지의 집에 있으리라는 걸 아셨어야죠!"

성전은 유대인들이 신에게 기도를 드리던 곳이야.

하늘에서 내려온 신호

예수가 하느님의 아들이란 것을 아는 사람은 요셉과 마리아뿐이었어. 예수는 30세가 되어서야 비로소 복음을 전하기 시작했지.

이 시기에 유대인의 고향에서는 여기저기 떠돌아다니며 하느님의 말씀에 관해 이야기하는 사람들이 많았지. 그 가운데 한 사람이 요한이었어. 유대인들은 요한을 세례 요한이라 불렀단다. 왜냐하면 요한은 자신의 이야기를 듣는 사람들의 죄를 씻어 주기 위해 요르단 강가로 데려가 물로 세례를 해 주었기 때문이야. 요한은 사람들에게 하느님의 말씀을 따르라고 경고했어. 하느님이 예고한 유대인의 왕인 메시아가 곧 올 것이라고 말이야.

예수도 요한에게 갔지. 요한은 무척 흥분해서 소리쳤단다.

"이분이다! 이분이 하느님이 보내신 왕이다!"

처음에 요한은 예수에게 세례를 해 주려 하지 않았어. 예수는 죄가 없

으니까. 하지만 결국 요한은 예수에게 세례를 해 주었어. 그러자 하늘에서 다음과 같은 목소리가 들려왔어.

"그는 나의 선택받은 아들이니라!"

예수에게 그것은 하나의 신호였을 거야. 예수는 하느님이 자신에게 그렇게 말한 뜻이 무엇인지 생각하기 위해 40일 동안 거친 들판으로 갔어.

- 기억나니? 붓다도 깨달음을 얻기 위해 사람들 곁을 떠났어. 모세도 40일 동안 시나이산에 머물면서 십계명을 받았고, 이슬람교에서도 이와 비슷한 일이 있었어.
- 이슬람교의 창시자인 마호메트도 신의 명령을 받기 위해 홀로 자연 속에 있었지.

게네사렛의 사람을 낚는 어부

거친 들판에서 다시 돌아왔을 때 예수는 게네사렛 호숫가에서 고기를 낚는 사람들을 만났어. 예수는 그 사람들에게 말했어.

"나를 따르라! 오늘부터 내가 너희를 사람을 낚는 어부로 삼겠다!"

열두 명의 사람들은 예수의 말을 따랐어. 예수가 그들에게 믿음을 주었기 때문이지. 이 사람들이 바로 베드로, 안드레, 세배대의 아들 야고보, 요한, 빌립, 바돌로메, 도마, 마태, 알패오의 아들 야고보, 다대오, 가나안의 시몬, 그리고 유다란다. 열두 제자들은 처음으로 예수를 따랐던 소박한 사람들이었어. 그들 가운데는 어부, 양치기, 세관원, 수공업자도 있었고, 심지어 거지도 있었지. 이들과 함께 예수는 나라를 돌아다니며 복음을 전했단다.

"하느님은 모든 사람을 똑같이 사랑하신다! 그리고 너희가 하느님을 믿으면 하느님은 너희의 죄를 용서하신다. 하느님이 너희를 사랑하듯 너희도 다른 사람을 사랑해야 한다!"

그런데 예수는 이 열두 제자들 가운데 한 명을 특히 더 사랑했어. 그가 바로 베드로야. 예수는 "너는 반석 베드로다. 나는 네 위에 내 교회를 세우리라!"라고 베드로에게 말했어. 물론 이 말은 베드로가 돌로 된 건물을 어

깨 위에 짊어지고 있어야 한다는 뜻은 아니었어. 예수가 한 말은 베드로가 나중에 그리스도교 공동체를 이끌어야 한다는 뜻이었지.

더러운 아이들과 놀지 마

아가타 고모가 알렉산더와 라우라의 집에 왔어. 알렉산더와 라우라는 고모를 별로 좋아하지 않아. 고모가 엄청 거만하게 굴기 때문이야.
아가타 고모는 모처럼 알렉산더와 라우라를 데리고 놀이터로 나갔어.
놀이터에는 한 무리의 아이들이 정신없이 놀고 있었지. 몇몇 아이들은 집이 가난한지 알렉산더와 라우라처럼 좋은 옷을 입고 있지 않았어. 알렉산더와 라우라는 곧장 모래 상자로 달려갔단다. 그곳에는 벌써 몇 명의 아이들이 앉아서 알렉산더와 라우라에게 오라고 손짓을 했어. 하지만 알렉산더와 라우라가 모래 상자에 도착하자마자 아가타 고모가 그들을 다시 불러 야단을 쳤어.
"저런 더러운 아이들과 어떻게 같이 놀 수 있니? 이리 와! 당장 집에 돌아가자!"
"하지만 저 아이들은 친절한걸요!"
라우라가 고모에게 투덜거렸어.
"안 돼, 너희는 저런 애들과 놀면 절대 안 돼."
고모는 항상 자신이 다른 사람들보다 낫다고 생각해.

예수와 열두 제자들은 여러 나라를 돌아다니며 하느님 앞에 모든 사람들은 평등하다고 이야기했어. 가난하든 부자든, 유대인이든 이방인이든, 건강하든 병들었든 모든 사람은 똑같다고 했지. 사람들에게 그건 정말 좋은 소식이었어! 이전의 율법 학자들은 성경의 말씀을 그대로 따르는 사람만이 하느님의 은혜를 받을 수 있다고 주장했거든.

율법 학자들이 그렇게 말하는 건 쉬웠어. 그들은 글을 읽을 수 있는 유일한 사람들이었으니까. 평민들은 이 잘난 척하는 사람들이 뭐가 옳고 그른지 말해 주는 대로 따를 수밖에 없었어. 하지만 그게 전부 다 맞는 말인지 누가 알겠니? 가끔 제사장들도 자기 권력을 함부로 썼어. 돈이 없어 하느님에게 바칠 제물을 가져오지 못한 가난한 사람들을 엄청 무시했지.

하지만 예수는 가난한 사람이나 죄를 지은 사람이나 모든 사람들에게 희망을 주었어. 예수는 하느님은 모든 사람을 똑같이 사랑한다고 말했지. 무엇을 가졌는지 신분이 어떤지는 중요하지 않다고 했어. 율법을 잘 지키는 것보다 착하게 행동하고 서로 사랑하고 화목하게 지내는 것이 더 중요하다고 말했던 거야.

연이은 기적

예수를 따르는 사람들이 점점 더 많아졌어. 특히 사람들은 예수가 행하는 기적에 놀라워했지. 예수가 병자들의 머리에 손을 대면 병자들은 건강해졌어. 예수는 죽은 사람을 살려 내기도 했고, 어떤 결혼식에서는 물을 포도주로 바꾸기도 했단다. 또 다섯 개의 빵과 두 마리의 물고기로 자기를 따르는 5000명의 사람들을 배불리 먹이기도 했지.

한번은 너무 많은 사람들이 몰려들었기 때문에 예수는 모두가 들을 수 있도록 산에 올라가서 말해야 했어. 예수가 산 위에서 한 말을 그리스도교인들은 산상수훈이라고 해. 이 산상수훈이 특히 유명해진 이유는 예수가 모든 율법 가운데 가장 중요한 것이 이웃을 사랑하는 것이라고 말했기 때문이야.

예수는 심지어 원수도 사랑하라고 했어. 예수의 이 말은 "눈에는 눈, 이에는 이!"라는 옛 성경의 말에 반대되는 거였어. 옛 성경의 말은 누가 너를 치면 너도 쳐라는 뜻이었지. 하지만 예수는 "누가 너의 왼쪽 뺨을 때리거든 오른쪽 뺨도 내밀어라! 폭력을 사용하지 않는 자만이 은혜를 받는다. 하느님은 인간이 서로 싸우는 걸 원하지 않는다. 다른 사람보다 부자라고 해서 헛된 희망을 품을 필요는 없다. 하느님은 모든 인간을 똑같이 사랑하신다."라고 말했단다.

원수가 되어 버린 율법 학자

제사장들과 율법 학자들은 예수를 따르는 사람들이 많아지는 걸 못마땅하게 생각했어. 지금까지는 하느님에 관한 한 그들이 최고였거든. 그런데 갑자기 예수란 사람이 나타나 유대 율법을 지키는 게 중요하지 않다고 하다니!

　예수는 안식일에 일을 못하게 하는 것조차 무시했어. 휴식을 취해야 할 안식일에도 예수는 아픈 사람들을 치료했거든. 뿐만 아니라 예수가 하느님을 자기 아버지라 부르자 율법 학자들은 예수가 하느님을 욕되게 한다고 생각했지. 예수는 불량배들과도 어울리거나 심지어 세리의 집을 방문하기도 했어.(세리는 로마 황제를 위해 사람들에게서 돈을 거둬들였기 때문에 아무도 좋아하지 않았단다.)

　어느 날 예수가 예루살렘의 성전에서 환전인과 가축 상인들을 몰아내자 율법 학자와 사제들은 예수의 완전한 적이 되었어. 왜냐하면 사제들은 성전 입구 계단에 앉아 장사를 했던 환전인과 가축 상인들로부터 하느님을 위한 제물로 돈과 가축을 받았거든. 하지만 예수는 "너희는 내 아버지의 집을 도둑의 굴로 만들었구나!"라고 말했어.

예수를 배반한 유다

베들레헴의 어린 생명들을 죽였던 헤롯왕의 뒤를 이어 왕좌에 오른 왕에게도 예수와 그를 따르는 사람들은 눈엣가시였어. 왕은 세례 요한이 유대인의 새 왕에 대해서 말하고 다녔다고 해서 그의 목을 베게 했어. 유대인의 왕은 자신뿐이라고 생각했거든. 예수는 매우 슬펐어. 그를 기다리는 것이 무엇인지 알았던 거야. 어느 날 예수는 세 명의 제자들에게 말했어.

"나도 죽을 것이다. 하지만 두려워 말거라! 나는 다시 올 것이다."

제자들은 예수의 말이 무슨 뜻인지 이해하지 못했어.

유월절 저녁에 예수는 제자들과 식사를 했단다. 이때 예수는 또다시 "너희 가운데 한 명이 나를 배반할 것이다!"라고 말했어. 제자들은 이 말을 매우 두려워했지. 그러고 나서 예수는 빵을 들어 작게 나눈 뒤 이것을 제자들에게 나눠 주었어. 그러면서 "받아서 먹거라, 이건 내 살이다."라로 말했지. 그리고 포도주 잔을 들어 "들고 마시거라. 이것은 내가 사람들을 위해 흘리게 될 피이니라."라고 말했단다.

제자들은 이상하게 생각했어. 보통 그들은 유월절에 제물로 바쳐진 양을 먹었거든. 제자들 가운데 한 명은 마음이 편하지 않았어. 그가 바로 유다였어. 제사장들이 예수를 덮칠 수 있는 가장 좋은 시간을 말해 달라고 하면서 유다를 꼬드겼거든. 유다는 그 대가로 은화 30냥을 받았지.

식사를 마치자 예수는 기도하기 위해 제자들과 함께 산으로 올라갔어. 유다는 거기서 슬며시 빠져나와 군인들을 산으로 데려갔지. 그러자 군인들은 예수를 덮쳐 체포한 뒤 끌고 갔단다. 제자들은 겁에 질려 그 자리에서 도망쳤어.

예수는 죄가 없어

군인들은 예수를 성직자들로 구성된 최고 재판소로 끌고 갔단다. 대제사장인 가야바가 "네가 하느님의 아들이냐?"라고 물었어. 예수는 "네가 말하는 대로다."라고 대답했지. 바로 이 대답을 기다리고 있던 성직자들은 "넌 하느님을 욕되게 했다! 사형을 받아야 마땅하다!"라고 소리쳤어.

성직자들은 예수를 빌라도에게 데려갔어. 빌라도는 예루살렘에 있던 로마 최고 재판관으로 오직 그만이 사형을 선고할 수 있었지. 빌라도는 예수와 이야기를 하고 나서 '좋은 사람이군! 파리 한 마리도 죽일 수 없겠어!' 하고 생각했어. 하지만 빌라도는 대제사장들이 두려워서 예수를 다시 군인들에게 넘겨주었어. 군인들은 예수를 두들겨 패고 조롱했으며 그에게 침을 뱉었지. 군인들은 예수의 머리에 가시로 만든 왕관을 씌워 사람들 앞으로 끌고 갔어.

"보거라, 유대인들아! 이자가 너희의 왕이다!"

군인들은 예수를 비웃었단다. 사람들은 십자가형에 처하라고 소리쳤어. 빌라도는 사람들의 뜻에 따르면서도 자신은 죄가 없다고 생각했지.

예수는 골고다 언덕으로 올라가야 했어. 골고다는 해골의 땅이란 뜻인데, 그 당시 범죄자들은 골고다에서 십자가에 못 박혀 처형당했어. 예수도 거의 쓰러질 듯한 몸으로 자신의 십자가를 끌고 거기까지 올라가야 했단다. 사람들은 떠들썩거리며 길가에 서 있었어. 예수가 언덕 위에 도착하자 손과 발이 십자가에 못 박혔어.

사람들은 하느님의 아들이라면 도망쳐 보라며 비웃었어. 하지만 예수는 "내 왕국은 이 세상의 것이 아니다."라고 말했지. 결국 예수는 "나의 하느님, 나의 하느님, 왜 저를 버리셨나요?"라고 소리치면서 죽었단다. 군인들은 예수가 죽은 뒤에도 예수의 옆구리를 찔렀어. 예수를 확실하게 죽이기 위해서 말이야.

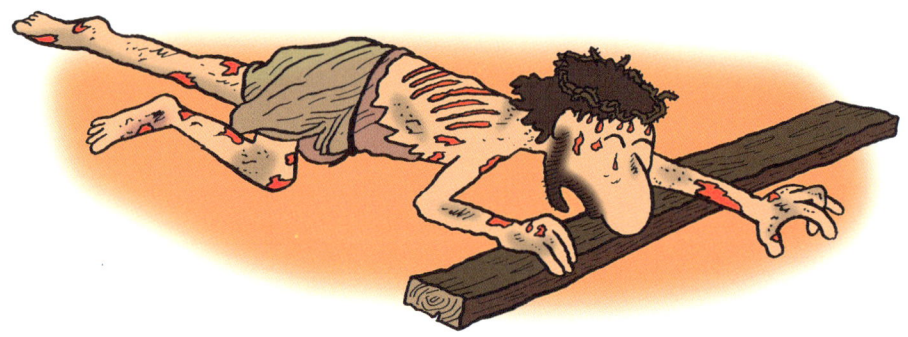

난 항상 너희와 함께 있다

예수가 죽은 금요일 저녁, 예수의 친구들은 그의 시체를 십자가에서 떼어 내어 바위 굴속에 넣은 다음 커다란 돌로 입구를 막았어. 그 당시에는 이런 굴이 무덤으로 사용되었지. 그리고 일요일에는 세 명의 여자들이 예수의 시체에 향유를 바르기 위해 무덤으로 갔어. 그때는 시체에 보통 향유를 바르곤 했단다. 무덤 앞에 도착한 여자들은 무거운 돌을 어떻게 치울까 고민하다가 굴의 문이 열려 있는 것을 보았어. 아니, 예수가 사라지다니! 그때 여자들 앞에 천사가 나타나 말했어.

"예수는 다시 살아났다. 그의 제자들에게 그리 말하거라!"

그날 제자들 가운데 두 명이 예루살렘 근처 마을인 엠마오로 가는 길에 어떤 모르는 사람과 동행을 하게 되었어. 두 제자는 구세주라고 믿었던 예수가 죽어서 얼마나 실망했는지에 대해 이야기했어. 그 사람은 두 제자와 함께 저녁을 먹었지. 그는 빵을 들어서 하느님께 감사를 드리고는 그 빵을 잘랐단다. 그것을 보고 두 제자는 그 사람이 예수라는 걸 알아차렸어. 그 순간 예수는 그들의 눈앞에서 사라져 버렸지.

또 다른 제자들은 예루살렘에 있는 어떤 집에 숨어 있었어. 그들은 이제 군인들이 자신들을 잡으러 올지 모른다고 두려워했지. 그때 갑자기 예수가 그들 앞에 나타났단다. 예수는 제자들에게 자신의 손과 발에 있는 상처를 보여 주며 "평화가 너희와 함께 하기를!" 하고 말했어. 제자들은 어쩔 줄 몰라 예수 앞에 무릎을 꿇었지. 그러자 예수는 "가서 사람들에게 내가 너희에게 가르친 것을 전하거라! 하느님의 자녀가 되게끔 그들에게 세례를 주거라. 나는 이제 나의 아버지에게로 돌아간다. 하지만 두려워 말거라. 너희가 나를 보지 못할 때에도 나는 너희와 함께 있다. 내가 너희에게 성령을

보내기 때문이다."라고 말하고 제자들을 축복한 뒤 하늘로 사라졌단다.

그때부터 그리스도교인들에게 일요일은 신성한 날이 되었어. 일요일에 그리스도교인들은 교회에서 예수가 다시 살아난 것을 축하하며 예배를 드린단다.

사랑하는 하느님, 감사해요

부활절은 그리스도교인들에게 1년 가운데 가장 큰 명절이야. 그리스도교인들은 해마다 3월 22일과 4월 25일 사이에 예수가 다시 살아난 것을 축하한단다. 사람들은 예수와 더불어 인간의 삶에 빛이 들어왔기 때문에 이 축제를 부활절이라 불러. 마치 동쪽에서 뜨는 해가 아침을 밝혀 주는 것처럼 말이야.

부활절 전 목요일에 그리스도교인들은 예수가 제자들과 함께했던 마지막 저녁 식사를 떠올린단다. 그리고 금요일, 즉 예수가 죽은 날에는 예수의 죽음을 슬퍼하고 일요일에는 모든 그리스도교인들이 예수가 다시 살아난 것을 축하하지.

성령강림절은 예수가 다시 살아난 뒤 50번째 되는 날이야. 이날 하느님은 제자들에게 성령을 보냈어. 그때 제자들은 많은 사람들과 함께 서 있었는데 갑자기 하늘에서 세찬 바람 소리가 나더니 혀처럼 생긴 불꽃이 사람들 앞에 나타났지. 그러더니 갑자기 사람들은 서로의 말을 알아듣게 되었어. 그들이 어디 출신이든 어떤 언어를 사용하든 상관없이 말이야. 그것은 성령이 만든 거였어. 수많은 사람들은 바로 그 자리에서 세례를 받았어. 그래서 성령강림절은 교회의 생일, 즉 그리스도교의 생일이라 부르기도 해.

그리스도교는 예수가 죽은 뒤 전 세계로 퍼져 많은 나라에서 국민 종교가 되었어. 그래서 그리스도교의 기념일은 많은 나라에서 휴일로 정해지거나 일을 하지 않아.

그리스도의 대변인 교황

제자들과 그를 따르는 사람들은 세상으로 나가 예수의 말을 전했어. 예수가 특히 사랑하던 제자인 베드로가 그리스도교 공동체를 이끌었지.

예수가 "나는 네 위에 내 교회를 세우리라!"라고 예언했던 것처럼 말이야. 베드로는 네로 황제가 통치하던 로마로 갔어. 그러나 로마인들은 수많은 여러 신을 믿고 있었고, 네로 황제 또한 그리스도교인들끼리 서로 만나는 걸 싫어했어. 황제는 그리스도교인들을 박해했어. 이때 베드로도 죽임을 당했지. 하지만 그리스도교가 널리 퍼지는 것을 계속 막을 수는 없었어. 심지어 로마인들도 복음을 받아들였지. 마침내 그리스도교는 로마의 국교가 되었단다. 로마 제국은 페르시아만에서 유럽까지 이르렀기 때문에 그리스도교는 급속히 퍼졌어. 로마는 그리스도교의 수도가 되었지.

교회에서 가장 높은 사람인 로마 주교는 베드로의 후계자로 여겨졌고 교황이란 이름으로 모든 그리스도교인의 지도자가 되었어. 사람들은 교황이 말하는 것을 하느님의 말씀으로 여겼지.

교황은 아직도 있어. 하지만 오늘날에는 가톨릭교도들만이 교황을 세상에서 그리스도를 대변하는 사람으로 믿고 있지.

사랑 대신 두려움이

과거에 그리스도교 지도자들은 그리스도교가 여러 민족으로 퍼져 나가면서 얻게 된 힘을 함부로 자주 사용했단다. 수많은 교황들과 주교들과 사제들은 하느님의 말씀을 전하는 사람이라는 그들의 권위를 사람을 억누르고 자신의 부와 권력을 늘리는 데 이용했지.

"이웃을 사랑하라!"와 "하느님 앞에 모든 인간은 평등하다."라는 예수의 가르침도 소용없었지. 사람들은 점점 하느님에 대한 사랑보다는 고위 성직자들에 대한 두려움 때문에 교회를 섬겼단다.

하느님의 이름으로 행해진 폭력

수천 년 전 그리스도교인들은 예수가 살았던 성지에서 끔찍한 전쟁을 벌였어. 성지에는 이슬람교도와 유대인들이 살고 있었는데, 그리스도교를 믿지 않는 모든 사람들을 이교도라 불렀지. 교황 우르반 2세는 이 이교도들에 대한 십자군 전쟁을 불러일으켰어. 군인들은 예루살렘의 성소들을 다시 점령했어.

유대인들은 그리스도교인들에 의해 계속 쫓기고 끔찍하게 죽임을 당했어. 그리스도교인들은 유대인들이 예수의 죽음에 책임이 있다고 비난했지.

뿐만 아니라 수천 명의 사람들이 교회의 법규에 따르지 않으면 마녀나 이단자로 몰려 장작더미 위에서 화형을 당했어.

그리스도교만큼 나쁜 일에 쓰인 종교도 없었어. 심지어 20세기에도 교회는 무거운 죄를 짊어지게 되었어. 수백만의 유대인과 집시 그리고 그 밖의 작은 무리들이 독일에서 죽임을 당했는데도 교회는 아무것도 하지 않았지.

몇 해 전에서야 비로소 그리스도교는 자신들의 죄를 스스로 밝히고 세상 사람들에게 용서를 구했단다.

서로 다른 교회들

그리스도교인들은 하나의 하느님을 믿어. 예수와 성령도 하느님의 일부야. 그리스도교인들은 인간도 예수처럼 죽음에서 다시 살아나서 영원한 삶을 산다고 믿는단다. 세례를 받고 하느님을 믿는다고 스스로 밝히면 누구나 그리스도교인이 될 수 있지. 그런데 그리스도교인이 믿음을 어떻게 행동으로 옮겨야 하는가에 대해 서로 다른 의견이 생겨났어. 그래서 서로 다른 교회들이 생겼단다.

첫 번째는 가톨릭교회야. 가톨릭이란 말은 '모두에게 해당되는'이란 뜻이야. 아직도 로마에는 가장 높은 성직자인 교황이 있지. 그래서 가톨릭교회는 '로마 가톨릭'이라 불러. 그들은 예수의 최후를 생각하면서 빵과 포도주를 나누어 먹는 의식인 성찬식이나 영성체로 예수 그리스도에 대한 기억을 떠올린단다. 이때 빵과 포도주는 바로 그리스도의 몸과 피를 상징하는 거야. 믿음과 이웃 사랑을 특히 잘 실천한 사람은 가톨릭교도들로부터 성자로 존경을 받아.

두 번째는 그리스정교회야. 그리스정교회는 동유럽과 러시아 그리고 그리스의 그리스도교인들을 말하는데, 그들에게는 하느님을 모시는 것이 교리보다 더 중요해. 그리스정교 사람들은 로마에서 떨어져 나와 교황이 아닌 자신들의 지도자인 총주교를 섬긴단다.

세 번째는 개신교회야. 그들에게는 최고 지도자가 없어. 개신교도들은 "성경은 하느님의 말씀이다. 인간이 따라야 할 모든 것이 거기 쓰여 있다."라고 말하지. 개신교회는 16세기에 마틴 루터에 의해 세워졌어. 루터는 오직 하느님만을 위해서만 살았던 사제였어. 루터는 교회 지도자들이 권력을 함부로 쓰는 것과 나쁘게 사용하는 것을 비난했지. 특히 루터는 돈으로 죄를 용서받을 받을 수 있다고 교회가 사람들에게 가르치는 것이 마음에 들

지 않았어. 루터는 95개조 반박문으로 교황의 교회를 비난했지. 이것을 종교 개혁이라 부른단다. 왜냐하면 루터는 종교를 다시 원래 상태로 되돌리려, 즉 개혁하려 했기 때문이야. 루터를 따르는 사람들은 개신교도 혹은 루터파라고 부르는데, 이들은 성찬식 때 쓰는 빵과 포도주가 정말로 예수의 살과 피로 변한다고 믿지 않아. 그 밖에도 개신교에서는 가톨릭에서와 달리 여자도 성직자가 될 수 있단다.

그리스도교 성경은 마틴 루터가 처음으로 독일어로 옮겼어. 그전에는 라틴어 성경만 있었지. 이제 사람들은 누구나 성경을 읽을 수 있게 되었고, 더 이상 교육받은 윗사람들에게 기대지 않아도 되었어.

로마 가톨릭과 그리스정교와 개신교 외에도 다른 그리스도교 신앙 공동체들이 무수히 많아. 영국의 왕 헨리 8세는 심지어 자신이 이혼한 뒤 다시 결혼하는 것을 교황이 반대했기 때문에 스스로 교회를 세우기도 했어.

하나가 되자

그리스도교인들 사이에는 오늘날 다시 하나가 되자는 바람이 커지고 있어. 여러 사람들이 "우리의 목표 - 사람들 사이의 사랑과 세계의 평화 - 가

여러 종파의 의식들보다 중요하다."라고 말하고 있지. 이 운동을 '전 세계 그리스도교인 및 교회' 혹은 '사람이 사는 지구'라는 뜻으로 외큐메네라고 해. 지구는 사람들이 하나 된 대가족과 같아야 한다는 거지. 외큐메네는 교회에는 속하지 않지만 그리스도교의 가르침에 따라 사는 사람들도 포함한단다.

이슬람교에서 예수는 모세나 마찬가지로 모두 하느님의 말씀을
전하는 예언자에 불과할 뿐 그 이상은 아니야.
마호메트는 유일신인 알라의 말씀을 인간에게 전한 중요한 사람이지.
알라의 도움으로 마호메트는 메디나에 첫 번째 신의 나라를 세웠어.
거기서 이슬람교가 생겨났지. 알라는 인간이 세상을 자기 뜻대로
다스려서는 안 되며 유일신을 따라야 한다고 했어.

이슬람교 이야기

이슬람교 이야기

사탕 축제 • 127

샤하다 외우기 • 127

호기심에 찬 젊은 남자 마호메트 • 129

알라가 마호메트에게 손을 뻗다 • 130

거대한 시 코란 • 133

천국 입장권 • 134

기도할 때는 몸을 깨끗이 • 135

다섯 번의 살라트 • 136

메카를 떠나다 • 137

마호메트의 1 : 0 승리 • 138

엎드리는 장소 모스크 • 139

첫 번째 신의 나라 • 141

무프티가 하는 말 • 142

옷 입는 규칙 • 143

여자, 여자, 여자 • 145

지하드 • 146

알라의 진짜 적 • 147

메카를 보고 죽다 • 148

알리야, 아키메드가 말하기를 • 149

시아파와 수니파 • 151

메카에 갈 거야 • 152

사탕 축제

데리아와 타녀는 1년에 한 번 반에서 깜짝 스타가 되는데, 그 이유는 다른 아이들과 달리 이틀 동안 학교를 쉰 다음 과자를 많이 가져오기 때문이야. 바로 사탕 축제에 갔다 온 거지. 이 과자는 데리아와 타녀가 4주 동안 금식한 것에 대한 상이야. 이 기간을 라마단, 즉 이슬람교의 신성한 금식월이라고 해. 데리아와 타녀는 이슬람교도이기 때문에 라마단 기간에는 간식용 빵까지도 먹지 않아. 해가 떠 있는 동안에는 아무것도 마시지 않지. 그래도 겨울에는 날이 짧으니까 참을 만하지만 여름에는 많이 힘들단다.

데리아와 타녀는 아직 어리기 때문에 그렇게 심하게 금식을 하지 않아도 돼. 하지만 데리아와 타녀는 어른들을 열심히 따라한단다. 이슬람교도들은 라마단이 끝날 무렵에 이틀 동안 축제를 열어. 금식이 끝나는 이 축제 때 아이들은 상으로 과자를 받지. 이 축제를 이드알피트르라고 해. 사탕 축제라고 부르기도 하지. 데리아 친구 수잔네는 "오늘은 나도 이슬람교 할래! 한여름에 맞는 성탄절 같잖아!"라고 말해.

샤하다 외우기

수잔네는 샤하다만 외우면 아주 간단히 이슬람교도가 될 수 있어. 샤하다는 이슬람교의 신앙 고백인데 "알라 이외에는 신이 없고 마호메트는 알라의 마지막 에언자다."라는 뜻이야.

모든 이슬람교도는 태어나자마자 샤하다를 듣게 되는데, 이슬람교에 따르면 모든 사람은 이슬람교도로 태어난다고 해. 그리스도교인, 유대인, 불교 신자, 힌두 교도 혹은 그 밖의 다른 종교인이 되는 것은 단지 잘못된 길로 들어선 것뿐이야. 하지만 샤하다를 스스로 외운다면 누구나 진정한 이슬람교도가 될 수 있어. 그리고 이 신앙 고백은 이슬람교도의 삶에서 마지막 문장이 되어야 해.

60억이 넘는 전 세계 사람들 가운데 10억 명의 사람들이 이슬람교를 믿고 있어.

샤하다는 약 1400년 전에 신이 예언자 마호메트에게 전한 메시지야. 이슬람교의 달력으로 9월, 즉 라마단 기간에 유일신인 알라가 처음으로 마호메트에게 말을 걸었어. 이슬람교도들은 라마단 기간 중에 이것을 생각하며 금식하고 코란을 자세히 공부하지.

코란은 이슬람교의 경전이야. 거기에는 신이 마호메트에게 들려준 말이 적혀 있어. 사람들이 알라를 완전히 따르기 위해서는 코란에 적힌 대로 살아야 해. 코란에는 엄격한 많은 율법들이 적혀 있는데 거기에는 종종 이해가 쉽게 안 되는 것들도 있어. 그렇기 때문에 이슬람교도들이 그것을 연구할 때에는 아무 방해도 받지 않기 위해 금식을 하는 거야. 금식은 이슬람교도들이 알라에게 바치는 또 하나의 희생이기도 해. 어른들은 라마단 기간 중에 담배를 피워서도 안 돼. 또한 거짓말을 해서도 남의 불행을 바라서도 싸움을 해서도 나쁜 것을 생각해서도 안 되지. 물론 이슬람교도들은 라마단이 아닌 때에도 바르게 살아야 한단다.

호기심에 찬 젊은 남자 마호메트

예언자 마호메트는 이슬람교도들에게 이슬람교라는 종교를 주었어. 이슬람교도들은 유대인과 그리스도교인이 믿는 같은 하느님을 믿는단다.

마호메트는 570년에 태어났어. 부모님이 모두 돌아가셨기 때문에 아라비아 메카에 있는 할아버지와 삼촌 아부 탈립의 집에서 자랐지. 마호메트의 별명은 알 아민, 즉 믿음직한 사람이란 뜻이야. 사람들에게 신뢰를 주었기 때문에 붙여진 별명이지.

어느 날 부유한 미망인 하디자는 마호메트를 큰 상단을 이끄는 사람으로 고용했어. 하디자는 메카에서 평판 좋은 상인이었어. 게다가 아름답기까지 했지.(마호메트도 잘생긴 젊은 청년이었을 거야. 하지만 마호메트의 얼굴을 보는 건 금지되어 있기 때문에 그림 속 그의 얼굴에는 늘 덧칠이 되어 있지.) 마호메트와 하디자는 서로 사랑에 빠져서 결혼을 했단다. 마호메트가 하디자보다 열다섯 살이나 어렸으나 이 둘은 매우 행복했고 자식도 일곱 명이나 두었어.

마호메트는 알고 싶은 게 많았고 신과 세계에 대해서도 많이 생각했어. 여행 중에 마호메트는 다른 나라와 그 나라 사람들의 관습에 대해 알게 되었어. 특히 유대인과 그리스도교인에 대해서도 관심을 가졌지. 게다가 아랍

인들은 이삭의 이복형제인 이스마엘이 자신들의 첫 조상이라고 믿기 때문에 따지고 보면 아브라함과도 친척 관계였지. 이스마엘은 아브라함과 그의 하녀 하갈 사이에서 태어난 첫 아들이야. 아브라함의 아내 사라가 아이를 낳지 못했기 때문이지. 그러다 사라가 90세가 넘어 임신을 하고 이삭을 낳자 이스마엘과 하갈은 그곳을 떠나야 했단다.

마호메트는 신들에 관해 많이 알게 되었고 사람들이 어떻게 신을 모시는지도 알았게 되었어. 마호메트의 고향인 메카는 상업 도시였을 뿐만 아니라 순례자들의 도시이기도 했지. 거기에는 성스러운 건물인 카바가 있는데, 이것은 커다란 정육면체 건물로 바깥벽에는 운석이 박혀 있어. 아랍인들은 늙은 아브라함과 이스마엘이 이 카바를 지었다고 믿고 있어. 하지만 아랍인들은 아브라함과 달리 많은 신들을 모셨기 때문에 카바에서 그 신들에게 제물을 바쳤어. 그러자 많은 사람들이 일부러 메카로 몰려왔어. 훗날 마호메트는 카바에서 그 많은 신들을 몰아내고 이곳을 이슬람교의 최대 성지로 만들었단다.

알라가 마호메트에게 **손을 뻗다**

- 커다란 형상이 마티아스에게 점점 더 가까이 다가와 "읽거라!"라고 말했어.
- "읽……을 수 없……는데요."

- 마티아스는 더듬더듬 말을 이었단다.
- "읽어야 해!"
- 그 유령은 마티아스를 재촉했어.
- "할 수 없어요!"
- 마티아스는 다시 물리쳤지만 그 형상은 계속해서 마티아스를 괴롭혔단다. 결국 마티아스는 두려움 때문에 어지러워 땀에 젖은 채로 깨어났어.
- "휴! 꿈이었구나!"

　이슬람교도들은 마티아스가 꿈에서 겪은 일이 마호메트에게도 실제로 일어났다고 믿고 있어. 그 당시 마호메트도 자신이 나쁜 꿈을 꾸는 거라고 생각했거든. 도대체 마호메트에게 무슨 일이 일어났던 것일까?

　마호메트는 조용히 기도하기 위해 종종 사막으로 갔지. 한번은 마호메트가 히라산의 어느 동굴로 들어갔을 때였어. 갑자기 하늘에서 환한 형상이 내려왔어. 그 형상은 글자가 수놓인 큰 천을 마호메트의 코앞에 들이대면서 "읽어라!"라고 말했어. 마호메트는 "전 읽을 수 없는데요!"라고 더듬

거리며 대답했지. 읽는 법을 배운 적이 없었거든. 하지만 그 형상은 계속해서 "읽으라니까!" 하면서 마호메트의 목을 조르기까지 했어. 마호메트는 눈앞이 깜깜해졌어. 결국 마호메트는 형상의 강한 추궁에 못 이겨 천에 손을 뻗어 그것을 잡고 글자를 읽기 시작했어. 거기에는 다음과 같은 말이 쓰여 있었어.

"모든 것을 만들고 핏덩어리에서 인간을 만들어 낸 너의 주의 이름으로 읽어라. 읽어라! 왜냐하면 너의 주는 펜을 통해 너를 가르치고, 이전에 몰랐던 것을 인간에게 가르쳐 준 고결한 분이기 때문이다."

마호메트는 무릎이 덜덜 떨렸어. 그러자 그 형상이 다시 말했지.

"오, 마호메트! 넌 하느님이 보낸 사람이다. 그리고 나는 가브리엘이란다. 난 단 한 분의 위대한 신만이 있다는 것을 네게 알리기 위해 왔다."

가브리엘이라고? 그는 마리아에게 예수의 탄생을 알렸던 천사잖아.

마호메트는 급히 하디자에게 달려가 자신이 겪은 일을 이야기했어. 하디자는 남편을 매우 자랑스러워하며 마호메트에게 용기를 북돋워 주었단다.

"사람들에게 그 메시지를 알리세요! 당신은 하느님이 선택한 최고 예언자가 될 거예요."

거대한 시 코란

이날부터 시작해서 마호메트는 22년 동안 계속해서 메시지를 받았어. 이 알라의 메시지들은 나중에 코란에 기록되었는데, 이 각각의 메시지들을 주레라고 불러. 이슬람교도들은 이것이 마호메트의 말이 아니라 하느님의 말이라고 믿었어. 뿐만 아니라 하느님 옆에는 진짜 코란 책이 있다고 믿었지. 코란에는 114개의 주레가 있는데, 각 주레는 6235개의 행으로 이루어져 있어. 코란은 거대한 시와 같아. 주레는 나중에 길이에 따라 정리되고 간추려졌지.

모든 이슬람교도는 코란을 갖고 있고 코란을 읽기 위해 아랍어를 배워. 코란은 소리 내어 읽는다는 뜻이야. 주레는 큰 소리로 읽으면 아름다운 노래처럼 들려. 이슬람교도들은 주레의 언어가 너무나 아름답기 때문에 하느님이 지은 것이라고 굳게 믿는단다.

천국 입장권

코란의 가장 중요한 내용은 알라가 오직 하나밖에 없는 신이며, 어떤 일에나 능하고 자비롭고 위대하다는 거야. 알라는 세상과 인간을 만들었고, 이슬람교도들에게 죽음 뒤에도 살 수 있는 영원한 삶을 주었어.

알라를 따르는 사람은 알라가 있는 천국으로 가게 되는데, 많은 이슬람교도들은 이 천국이 영원히 끝나지 않는 축제 상태이거나 혹은 게으름뱅이의 낙원이라고 생각한단다. 하지만 알라의 말을 따르지 않는 사람은 지옥에 가야 해. 지옥은 우리가 상상할 수 없을 정도로 끔찍한 곳이야. 지옥에서는 끔찍한 악마들이 죄인들을 영원히 못살게 굴고 괴롭히지. 그리스도교인들도 사람이 얼마나 바르게 살았는지 아닌지에 따라 죽은 다음 천국이나 지옥으로 가서 영원한 삶을 산다고 생각했어.

하지만 알라는 이슬람교도들에게 너그럽고 자비롭고 위대한 신이었어. 인간이 자신의 잘못을 뉘우치면 - 설사 죽는 순간에 그렇다 할지라도 - 알라는 그를 용서하고 품에 받아들였지.

성경의 이야기들도 코란에 적혀 있어. 이슬람교도들은 아담과 이브와 노아, 모세와 예수 그리고 성경의 다른 많은 인물들도 알고 있어. 하지만 예수는 이슬람교도들에게 하느님의 아들이 아니야. 이슬람교도들은 이 부분에서 그리스도교인들이 몇 가지를 잘못 이해했다고 생각했어. 이슬람교도들에게 예수는 하느님이 보낸 많

은 예언자들 가운데 한 명일 뿐이었지.

그러나 정말 중요한 예언자는 마호메트뿐이었어. 마호메트는 알라가 인간에게 보낸 마지막 예언자였지. 이슬람교도들은 유대인과 그리스도교인들이 실수를 했다고 생각하지만 그냥 그들을 성경에 나오는 사람들로서 존중한단다.

알라는 코란에서 사람들이 어떻게 하면 천국 입장권을 얻을 수 있는지 정확히 밝혔어. 언제나 착하게 살아야 하고, 가난한 사람들도 도와줘야 한다고 했지. 몇 가지 규칙은 유대인들과 같단다. 이슬람교도들도 돼지고기를 먹지 않아. 또 아들을 낳으면 할례도 시키지. 그 밖에도 언제 어디서 어떻게 씻어야 하는지 등 많은 규칙들을 정해 놓았어.

기도할 때는 몸을 깨끗이

가브리엘은 마호메트가 알라에게 어떻게 기도해야 하는지 이야기해 주었어. 우선 몸을 깨끗이 씻어야 해. 이슬람교도들은 자신이 눈으로 지은 죄

를 씻기 위해 물로 얼굴을 닦아야 해. 또 손이 저지른 나쁜 짓을 벗겨 내기 위해 손을 씻어. 발도 씻어야 하는데 발은 나쁜 짓을 저지른 곳으로 데려갔기 때문이야. 그리고 마지막으로 이슬람교도들은 알라에게 몸을 굽힐 수 있게 깨끗한 바닥에 양탄자를 편단다.

오늘날까지도 모든 이슬람교도들은 기도하기 전에 반드시 씻어야 해. 사람에 따라서는 입과 귀도 씻지. 그리고 기도할 때 이마가 바닥에 닿아야 하기 때문에 양탄자도 꼭 필요해.

가브리엘은 마호메트에게 하루에 다섯 번씩 기도하라고 말했어. 아침 기도는 아침 해가 하늘에 뜨기 전에, 점심 기도는 해가 가장 높이 떠 있을 때 해야 해. 또 오후 기도는 해가 지기 전에 끝마쳐야 해. 저녁 기도는 저녁놀이 사라지기 전에, 밤 기도는 저녁놀이 사라진 뒤 아침 기도가 시작되기 전에 해야 하지. 금요일에는 이슬람교들이 함께 모여 기도를 하기도 한단다. 이 기도를 살라트라고 하는데, 살라트는 신앙 고백인 샤하다와 함께 모든 이슬람교도들이 지켜야 하는 두 번째 의무야.

다섯 번의 살라트

- '무슨 기도를 그렇게 많이 해!'
- 아마 이런 생각이 들지도 몰라. 그러나 마호메트는 사실 이 살라트를 아주 많이

줄였어. 이것에 대한 재미있는 이야기 한번 들어 볼래?

어느 날 가브리엘은 마호메트를 하늘로 데려갔어. 알라는 자신의 예언자인 마호메트에게 "하루에 50번 기도하라!"라고 말했지. 돌아오는 길에 마호메트는 모세에게 들러 그 이야기를 했단다. 모세는 놀라서 말문이 막혔어.

"그건 너무 많아! 다시 올라가서 그렇게 할 수 없다고 말해."

마호메트는 곧장 모세의 말을 따랐지. 그러자 알라는 40번만 기도하라고 했어. 그 말을 들은 모세는 "나 원 참, 그것도 많잖아! 너희는 그것 말고도 다른 것도 해야 하잖아!"라고 말했어. 마호메트는 다시 알라에게 갔고, 알라는 기도를 열 번으로 줄여 주었지. 몇 번의 과정을 거쳐 기도가 다섯 번으로 줄여졌어. 더 이상 마호메트는 불평을 늘어놓을 자신이 없었어. 그래서 지금까지도 이슬람교도들은 하루에 다섯 번씩 기도를 하지. 다섯 번을 채우지 못할 경우에는 보충할 수도 있단다.

메카를 떠나다

깨달음을 얻은 마호메트는 가족들로부터 알라의 말을 전하라는 격려를 받았어. 하지만 메카 사람들은 마호메트가 알라의 말을 전하는 걸 듣고 싶어 하지 않았지. 마호메트가 순례자들을 상대로 하는 자신들의 장사를 망

쳐 버릴까 봐 두려웠거든. 메카로 온 순례자들은 먹고 자야 하니까 돈을 많이 썼는데, 만약 여러 신을 믿지 않게 되면 제물을 바치러 이곳에 올 일도 없어지지 않겠어?

뿐만 아니라 마호메트의 말은 도시에 수많은 불안을 몰고 왔어. 그 당시 메카에 있던 베두인들과 유목민들은 상당히 거칠어 규정에 얽매이고 싶어 하지 않았어. 다만 마호메트가 영향력 있는 집안 사람이었기 때문에 그의 입을 막지 않았을 뿐이지. 아무도 마호메트의 아내 하디자와 마호메트의 삼촌 아부 탈립과 싸우고 싶어 하지 않았거든. 하지만 마호메트의 기도는 메카인들의 신경을 건드리고 말았어. 마호메트와 그를 따르는 사람들이 아무 데서나 양탄자를 펼쳐 댔기 때문이야.

그런데 갑자기 하디자가 죽고, 얼마 지나지 않아 아부 탈립 삼촌이 죽었어. 이제 마호메트를 보호해 줄 수 있는 사람은 아무도 없었어. 마호메트는 숨어서 기도하든지 아니면 도시 밖으로 떠나야 했단다. 결국 마호메트는 그를 따르는 사람들과 함께 메카를 떠났어.

마호메트의 1：0 승리

메카 북쪽에 야트립이란 도시가 하나 있는데 장사가 활발하게 이루어진 곳이었어. 그곳 사람들은 이미 마호메트에 대해서도 잘 알고 있었고 알라에 대한 이야기도 알고 있었지. 그들에게는 질서에 신경을 쓰는 율법이 있다는 것이 매우 흥미로웠어. 게다가 그들의 인사는 "살람 알레이쿰" 즉, '평화가 너와 함께 하길'이라는 뜻이야. 야트립 사람들은 다른 종족들과 끊임없이 싸웠기 때문에 평화가 절실히 필요했단다. 그래서 마호메트를 야트립으로 불러들였지. "이곳으로 와서 우리의 심판관이 되어 주세요!"라고 하면서 말이야. 아니 어쩌면 야트립 사람들은 마호메트와 그를 따르는 사람들을 통해 야트립이 메카처럼 유명해지기를 바랐는지도 몰라.

622년에 마호메트는 그들의 초대를 받아들였고, 가족과 자신을 따르는 사람들을 데리고 야트립으로 갔어. 야트립은 나중에 예언자들의 도시라는 뜻인 메디나로 이름이 바뀐단다.

이 이동을 이슬람교도들은 헤지라고 불러. 헤지라는 이슬람교의 시작이야. 왜냐하면 622년에 메디나에서 이슬람교도들의 첫 신앙 공동체가 생겨났거든. 이슬람교에서는 이 해를 원년으로 하여 새로운 달력을 만들었어.

- 우리가 2000년이 시작되는 것을 축하했을 때 이슬람교도들은 함께 기뻐할 수 없었어. 이슬람교의 달력은 1420년이었거든. 이슬람 국가의 신문에는 두 개의 연도, 다시 말해 이슬람력과 그레고리우스력을 같이 사용해. 우리나라는 그레고리우스력을 사용하지. 그레고리우스력을 만든 사람은 교황 그레고리우스 13세야.

엎드리는 장소 모스크

메디나에서 마호메트를 따르는 사람들은 자유롭게 기도할 수 있었어.

마호메트는 따로 예배당을 지었고 그곳을 '엎드리는 장소', 즉 모스크라고 불렀지. 이때부터 모든 이슬람교 예배당을 모스크라고 불러. 모스크에서는 이슬람교도들이 땅에 엎드려 알라에게 기도해도 아무도 그들을 비웃지 않아. 마호메트는 무에친을 한 명 고용해서 이슬람교도들에게 하루에 다섯 번씩 기도하러 오게끔 했어. 무에친은 이슬람교에서 기도 시간을 알리는 사람이야.

오늘날에도 무에친은 있단다. 무에친들은 하루에 다섯 번씩 기도 시간을 알려 주지. 몇몇 모스크에서는 이 외침을 녹음테이프로 들려주기도 해. 모스크는 예배당 이상의 의미가 있는 곳이야. 여기서 이슬람교도들은 매주 금요 기도를 올리고 코란을 공부하지. 그리스도교에서 정오에 교회 종을 울리는 것도 이슬람교의 무에친과 관련이 있어. 15세기 칼릭스투스 교황이 무에친의 기도 시간 알리는 소리에 대한 답으로 낮 열두 시에 종을 울리기 시작했거든.

첫 번째 신의 나라

"짜증 나, 이거 어떻게 푸는 거야?"

펠릭스는 수학 문제를 풀면서 절망적으로 펜을 물어뜯고 있어. 그리고 속으로 이렇게 기도를 올리지.

"사랑하는 하느님, 이걸 푸는 방법을 알려 주세요!"

그때 갑자기 선생님이 웃는 소리가 들렸어.

"펠릭스, 너 뭐 하니? 하느님이 답이라도 알려 주신다던?"

우리도 한 번쯤은 이런 경험이 있을 거야. 어려운 문제를 접했을 때 혹시 하늘에서 답을 알려 주지 않을까 하고 말이야. 실제로 어떤 때는 기발한 생각이 떠오르기도 해. 하지만 대개는 골똘히 정신 집중을 해야만 문제가 풀리는 법이란다.

가브리엘이 마호메트에게 기발한 생각을 가져다주었어. 가브리엘은 메디나에서도 마호메트를 변함없이 도와주었거든. 알라는 마호메트가 도시에 평화를 가져올 수 있도록 천사를 통해 율법을 전해 주었단다. 사람들은 마호메트를 매우 신뢰했기 때문에 그를 메디나의 대표로 임명했어. 그 말은 마호메트를 통해서 알라의 결정권이 메디나에 전달되었다는 뜻이야.

알라는 가브리엘을 통해서 생활에 모든 부분을 마호메트에게 알려 주었어. 장사를 할 때는 어떻게 해야 하는지, 결혼은

어떤 규칙으로 해야 하는지, 죽은 사람의 재산은 어떻게 물려줘야 하는지, 사람이 싸우면 누가 옳고 그른지를 어떻게 가려야 하는지, 무엇이 올바르고 무엇이 올바르지 않은지 등등 모든 부분을 알라의 율법에 따라서 하도록 만들어 주었던 거야. 이렇게 해서 메디나는 첫 번째 신의 나라가 되었고, 이 나라의 질서는 알라가 직접 만들어 준 것이야. 이슬람교도들은 이 율법을 샤리아라고 부른단다.

무프티가 하는 말

코란에 쓰여 있는 알라 신의 율법 가운데에는 정말 따르기 힘든 것도 있어. "도둑질을 한 사람은 그 물건을 훔치게 한 손을 자르라!"라든지 "결혼한 사람이 부정한 짓을 저지르면 마구 때려라."라는 벌이 특히 그래.

1400년 전 아라비아의 도덕과 관습은 별로 인간적이지 않았어. 유럽도 마찬가지였지. 그리스도교가 지배하던 유럽에서도 마녀들은 화형에 처해졌고, 사람들은 고문을 받았어. 그 밖에도 끔찍한 일들이 많이 일어났지. 지금은 아무도 이 벌을 하느님이 내린 것이라고 말하지 않지만, 그 당시에는 교회의 축복하에 이런 일이 행해졌어. 샤리아도 이런 배경에서 나왔단다. 원래 샤리아의 내용들은 마호메트 시대에 사람들이 살아가던 모습이야.

사람들은 20세기에 와서야 인간의 권리에 대해 관심을 가졌어. 오늘날 전 세계 사람들은 하느님의 이름으로 가해지는 폭력이라 할지라도 폭력을 쓰면 안 된다고 굳게 믿고 있지. 몇몇 이슬람 국가는 아직도 샤리아를 지킨단다. 그 때문에 세계 다른 국가들로부터 격렬한 비난을 받기도 하지. 하지만 대부분의 이슬람교도들은 폭력을 금하는 인권도 존중한단다.

이슬람교 학자들은 코란에 쓰여 있던 원래 율법들을 오늘날에 맞게 옮기는 일을 하고 있어. '알라 신이라면 오늘날에 어떤 뜻으로 이야기했을까?'라고 생각하면서 말이야. 이 학자들을 무프티라고 하는데, 누구나 모르는 게 있으면 무프티에게 물어볼 수 있어.

옷 입는 규칙

- 아이셰는 머리에 쓰는 천인 히잡을 두르지 않고는 절대 집 밖으로 나가지 않아.
- 짧은 치마도 입지 않지. 이슬람교도 여자들은 다른 남자들이 쳐다보는 걸 원하지
- 않기 때문에 머리와 다리를 덮어야 안심이 된단다. 하지만 같은 이슬람교도인 이

- 윗집에 사는 파티마는 검은 곱슬머리를 어깨까지 드리우고 보통 여자 애들처럼 옷을 입어. 반대로 또 다른 이웃인 레난은 아빠가 머리에 히잡을 두르라고 강요하고 밖에 나갈 때도 오빠와 함께 다니라고 하지.

옛날부터 전해져 내려오는 히잡은 오늘날 많은 사람들에게 압박의 상징으로 여겨지고 있어. 왜냐하면 이슬람교 여자들이 그걸 쓰도록 강요받기 때문이야. 그러나 몇몇 이슬람교 여자들은 히잡 쓰는 걸 스스로 원하기도 해. 그들은 "난 알라를 믿어!"라는 걸 보여 주고  싶어 하거든. 하지만 거기에는 "날 그렇게 쳐다보지 마세요!"라는 뜻도 숨어 있어.

실제로 알라는 마호메트에게 옷 입는 규칙도 알려 주었어. 코란에는 밖에 나가기 전에 항상 머리에 천을 쓰고 옷을 잘 차려입으라고 쓰여 있단다. 이것은 남자나 여자 모두에게 해당되는 규칙이야. 그리고 여자들에게 낯선 남자가 자신에게 반하지 않게끔 몸을 잘 감싸고 다니라는 말도 덧붙여 놓았어. 몇몇 엄격한 이슬람 국가에서는 오늘날에도 여자들이 몸을 감싸지 않은 채 거리를 돌아다니면 벌을 받는단다. 심지어 아프가니스탄 여자들은 얼마 전까지만 해도 몸 전체를 가리고 눈 부위만 망사로 되어 있는 부르카를 써야 했어.

옛날의 모든 세속 공동체나 종교 공동체에서는 남자들만 의견을 말할 수 있었어. 이슬람 국가에서는 오늘날까지도 그런 경우가 많아. 그렇기 때문에 코란은 이따금 여자를 억누르는 도구로 잘못 쓰이기도 한단다.

여자, 여자, 여자

코란에는 "여자는 남자보다 한 단계 아래다."라는 말이 있어. 이 말은 여자들에게 많은 근심과 재앙을 가져왔어. 옛것을 고집하는 이슬람교 남자들이 이것을 들먹이며 집안의 실제 주인이 되려고 했기 때문이야. 하지만 이슬람교 남자들은 이 말 앞에 "여자는 남자와 같은 권리와 의무를 갖는다."라는 말이 쓰여 있다는 것을 잊어버리고 있어.

이슬람교 남자는 네 명의 여자와 결혼할 수 있다는 말도 - 마호메트는 심지어 열세 명의 여자와 결혼했어 - 이슬람교가 처음 시작되었을 때 생겨났지. 이것은 많은 전쟁과 전투로 남자들이 죽었기 때문에 여자들과 아이들을 보호하기 위해서였어. 하지만 오늘날에는 더 이상 이 제도가 필요 없기 때문에 많은 이슬람 여자들이 이 제도를 없애기 위해 싸우고 있지. 투네지아 같은 나라에서는 벌써 없애 버렸어.

우리가 잊지 말아야 할 것은 원래 여자에게 불리하지 않았던 종교는 없었다는 거야. 가톨릭에서는 아직도 여자 사제가 받아들여지지 않아. 지금 전 세계는 평등을 얻기 위한 이슬람 여자들의 싸움을 응원하고 있어. 이슬람교는 특히 이 부분이 뒤처진 종교란다.

지하드

알라는 예언자 마호메트에게 항상 그때그때 필요한 정보를 주면서 그를 도와주었어. 알라가 마호메트에게 전쟁에 필요한 율법을 주었을 때에도 마찬가지였지. 메카 사람들은 의심스런 눈으로 메디나에서 벌어지는 일을 살폈어. 그들은 마호메트가 점점 더 많은 힘을 얻는 게 싫었어. 뿐만 아니라 이웃 도시 메디나가 자신들에게 위협이 될까 봐 두려워 그곳을 여러 번 공격하기도 했어. 마호메트는 메디나의 최고 대표자로, 군인들의 최고 지휘자로 알라를 믿지 않는 이웃들로부터 메디나를 지켜야 했지.

그래서 이 시기에 신앙의 보호에 대한 주례들이 생겨났어. 이게 바로 지하드야. 거룩한 전쟁이란 뜻이지. 거기에는 "전투 중에 이슬람교를 믿지 않는 사람들을 만나거든 목덜미를 찌르거라!" 또는 "우상을 믿는 사람들을 보거든 즉시 죽여라."라는 내용도 있어.

마호메트는 스스로 메카와의 전쟁을 '작은 지하드'라고 불렀어. 밖의 적을 막아 낸다는 뜻이지. 그러나 마호메트에게 있어 '진정한 지하드'는 해서는 안 될 어떤 것을 하고 싶은 유혹을 이겨 내는 개개인의 내적 투쟁이란다.

알라의 진짜 적

마호메트가 알라를 믿지 않던 메카인들로부터 메디나를 지켜 낼 때 도움을 주었던 주레들은 오늘날 이슬람 근본주의자들이 믿고 따르지. 근본주의자란 하나의 종교가 시작할 때의 모습이 가장 순수하다고 생각하고 그것을 그대로 따라야 한다고 믿는 사람들이야. 이슬람 근본주의자들은 이슬람교를 믿지 않는 사람들에 대한 테러와 폭력을 부추기고 있어. 코란에는 그런 내용이 없는데도 말이야.

2001년 9월 11일에 뉴욕에서 수천 명의 생명을 앗아 갔던 끔찍한 테러 뒤에도 이런 근본주의자들이 있었어. 그 당시 테러리스트들은 비행기를 타고 뉴욕의 가장 높은 두 개의 건물로 날아갔단다. 근본주의자들 입장에서 보면 서구 세계는 자신들의 가치를 위협하는 적이었어. 근본주의자들은 "선진국들은 가난한 나라를 상대로 전쟁을 한다. 그 전쟁에는 무기보다 경제력과 정치가 중요하다. 그들은 세계의 가난과 압박의 원인이고, 그 맨 앞에 미국이 서 있다. 그래서 우리는 서구 세계를 물리쳐야 한다."라고 말했지. 그런 의미에서 뉴욕은 근본주의자들에게 이 적대적 권력의 상징이었어.

그러나 코란은 그런 테러를 명백히 금지하고 있어. 거기에는 "누군가 한 사람을 죽인다면 그는 전 세계 모든 사람을 죽인 것이다."라고 쓰여 있지.

이보다 더 분명하게 폭력을 금하는 말은 없을 거야.

　이 근본주의자들은 이슬람교에도 나쁜 영향을 끼쳤어. 전 세계의 이슬람교도들이 이 테러 때문에 고통을 받고 있거든. 2001년 9월 11일 뒤로 많은 이슬람교도들이 불신을 받거나 사는 게 힘들어졌어.

메카를 보고 죽다

　630년에 마호메트는 메카와의 전쟁에서 이겼어. 곧 다른 종족들도 이슬람교를 받아들였고, 얼마 지나지 않아 아라비아 전체가 거대한 이슬람교 국가가 되었지. 마호메트는 사람들에게 알라 신 하나만을 믿도록 했어. 알라 신은 유대인과 그리스도교인들이 믿는 하느님과 같은 존재였지. 마호메트는 다른 신들의 그림을 카바에서 없애고 메카에 있는 이곳을 이슬람 최

대 성전으로 만들었어. 2년 뒤 마호메트는 죽기 전에 다시 한 번 카바로 순례를 떠났는데, 그만 메디나로 돌아오는 길에 죽어 거기에 묻혔단다. 지금도 마호메트의 무덤 위에 예언자 모스크가 서 있어. 사우디아라비아에 있는 메디나는 메카 다음으로 큰 이슬람교 성지란다.

세 번째로 큰 이슬람교 성지는 예루살렘에 있는 암벽 사원이야. 이슬람교도들은 마호메트가 여기서 흰 말을 타고 하늘로 올라갔다고 믿어. 이슬람교들은 바로 그곳에 거대한 금빛 둥근 천장이 있는 화려한 사원을 지었지. 예루살렘에 있는 암벽 사원은 가장 오래된 이슬람 건축물이야.

알리야, 아키메드가 말하기를

- 학교에서 집으로 돌아온 안나가 흥분해서 말했어.
- "학교를 허문대요!"
- "어디서 들었니?"
- 아빠가 물었어.
- "발렌티나가 그랬어요."
- "걔가 그걸 어떻게 아는데?"
- "언니한테 들었대요. 그 언니는 시청에서 일하는 오빠한테 들었고요. 그 오빠와 같이 일하는 분이 거기에 새 학교를 지을 계획이라고 그랬대요."
- "그러니까 너희 학교를 허물 거라고 누가 처음 말한 건데?"
- "시장님이 전화로 '그럼, 오래된 건물은 허물어 버리지 뭐!'라고 말하는 걸 비서가 들었대요."
- 안나가 지금 한 말은 진짜일까 아니면 헛소문일까?

　마호메트가 죽자 그에 대한 많은 이야기가 코란에 더 쓰였어. 거기서 이슬람교에서 두 번째로 중요한 경전인 수나가 생겨났어.

　수나에는 마호메트와 그의 주변 사람들, 그리고 당시 학자들이 코란을 어떻게 풀이했는지 쓰여 있어. 또 마호메트의 삶에 관한 이야기도 있단다. 이 이야기들은 하디스라고 부르지.

　이야기라는 건 사실하고 다를 수 있어. 왜냐하면 그 이야기가 맞는지 아니면 그냥 떠도는 소문일지 누가 알겠어? 그렇기 때문에 하디스 하나를 수나에 기록할 때는 그 이야기가 어디서 생겨났는지 정확히 조사해야 했어.

　예를 들어 하디스에는 이렇게 쓰여 있단다. "알 부카리가 다음과 같이 쓴다. 아브달라 이븐 알아스바드가 내게 이야기했다. 알파들 이븐 알아타가 우리에게 보고했다. 이스마일 이븐 우마야가 야햐 이븐 압달라 이븐 사이피를 증인으로 내세우면서 우리에게 말하기를, 그는 이븐 압바스의 노예였다가 풀려난 아부 마바드가 '저는 이븐 압바스가 말하는 걸 들었어요.'라고 말하는 것을 들었다고 했다……." 그리고 이런 말 다음에 비로소 마호메트에 대해 보고할 만한 것이 쓰여 있지.

시아파와 수니파

마호메트가 죽고 난 뒤 그를 따르는 사람들은 누가 마호메트의 후계자가 되어 공동체와 국가를 다스릴 것인지를 놓고 싸웠어. 한쪽에서는 마호메트처럼 위대한 인물은 다시 없기 때문에 공동체에서 후계자를 뽑아야 한다고 주장했지. 그리고 이 후계자를 칼리프라고 불렀단다. 칼리프는 이슬람 신앙 공동체인 움마나 국가를 지배했어. 칼리프의 지배 지침서가 수나였기 때문에 이들을 수니파라고 불러. 오늘날 이슬람교의 약 90퍼센트가 이 수니파에 속해.

여기에 따르지 않는 이슬람교들도 있었는데, 그들은 마호메트 집안의 누군가가 후계자가 되기를 바랐지. 마호메트의 자식들이 이미 죽고 없었기 때문에 그들은 마호메트의 조카인 알리에게 그 자리를 주려고 했어. 이들은 스스로를 알리파, 즉 '알리의 시아'라고 불렀단다. 그래서 이들을 시아파라고 불러. 이렇게 이슬람교는 갈라졌어. 이슬람교도 다른 종교와 비슷한 길을 걷게 된 거지.

하지만 사람들이 이슬람교를 믿고 받드는 것은 계속되었어. 오늘날 이슬람교는 세계에서 가장 빠르게 성장하는 종교야. 최근 몇 년 동안 미국에서는 많은 사람들이 이슬람교도가 되었단다.

알라는 이슬람교도들에게 폭력으로 믿음을 강요해서는 안 된다고 말했어. 또한 주레에도 "종교에서 강요란 없다."라고 쓰여 있지. 종교란 스스로 믿는 거야.

메카에 갈 거야

- 데리아와 타너는 사탕 축제가 끝난 뒤 또다시 반 아이들의 주목을 받았어. 데리아와 타너의 부모님이 메카로 기나긴 성지 순례를 다녀왔거든. 부모님은 데리아와 타너에게 흥분되는 메카 순례 이야기를 많이 해 주었단다. 그리고 데리아와 타너는 학교에서 그걸 친구들에게 이야기했지.
- "우리도 크면 메카에 갈 거야!"
- 타너는 반짝이는 눈빛으로 아이들에게 말했어.

타너에게 메카로의 여행은 어른이 되어야 할 수 있는 큰 모험일 거야. 모든 이슬람교도들에게 메카 순례는 의무란다. 모든 이슬람교도는 적어도 살아 있는 동안에 한 번은 이슬람교의 성지인 메카에 가야 해. 수백만의 이슬람교도들은 해마다 메카에서 자신들의 죄를 내려놓는단다. 알라가 죽음 뒤 하늘에서의 영원한 삶을 허락해 주도록 말이야. 이슬람교도들에게 하지, 즉 메카로의 순례 여행은 인생 최대의 일이야. 또한 메카에 다녀온 사람들은 그때부터 스스로를 하지라고 부른단다.

하지는 모든 이슬람교도가 지켜야 하는 다섯 가지 의무 가운데 맨 마지막 의무야. 이 다섯 가지 의무는 이슬람교의 다섯 기둥이라고도 부르는데 다음과 같아.

- 샤하다 – "알라 외에는 신이 없고, 마호메트는 알라의 마지막 예언자다."라는 신앙 고백
- 살라트 – 하루 다섯 번의 기도
- 자카트 – 모든 이슬람교도는 알라의 너그러움을 계속 전하기 위해 자신이 번 돈의 일부를 가난한 사람들을 위해 내놓아야 한다.
- 사움 – 해마다 있는 라마단 기간의 금식
- 하지 – 메카 성지 순례

이 의무를 지킨 사람은 죽은 뒤에 영원한 삶의 세계에 들어갈 수 있단다.

찾아보기

ㄱ

가나안 78, 85
가네샤 10, 26~27, 33
가브리엘 101, 132~133,
　　135~137, 141
갈릴리 101~102
강가 21~22
강가우르 33
강림절 89, 97
갠지스 10, 21~22, 34
게토 91
계약의 궤 85, 88, 92
고바르다나 푸자 32
골고다 114
골리앗 87
구루 10, 29~31
구약 99
그레고리우스 13세 139
그리스정교 121~122
근본주의자 147~148

ㄴ

나사렛 101, 104
나일강 79~80, 82

노아 66, 74~76, 84
누가 99
니르바나 36, 40, 51,
　　54~55, 57, 59,
　　60~61

ㄷ

다대오 107
다르마 15~16
다윗 87
달라이 라마 61~63
도마 107
디왈리 32

ㄹ

라마단 127~129, 153
라크슈미 25, 28, 32
랍비 68
로마 가톨릭 99,
　　121~122

ㅁ

마가 99

마누 24
마리아 71, 101~102,
　　104~105
마야 부인 39, 41~42
마태 99, 107
마틴 루터 121~122
마하야나 60
만다라 38, 56
메디나 124, 139,
　　141~142, 146~149
메소포타미아 70
메시아 91
메카 126, 129~130,
　　137~139, 146,
　　148~149, 152~153
모세 5경 86
모스크 126, 139~140,
　　149
무에친 140
무프티 126, 142~143

ㅂ

바가바드기타 10, 24,
　　28~29
바돌로메 107

바라나시 22, 57
바빌로니아인 88
바이샤 19, 30
방주 66, 74~75, 84
베다 28~29
베드로 107~108, 118
베들레헴 102~104, 112
보살 41, 56, 60~61
복음 100, 105, 107, 118
빌라도 113
부르카 144
부활절 81, 96, 116~117
불가촉천민 20
브라만 11, 19, 29~30
브라흐마 10, 22~23, 27
비슈누 10, 22~25, 27, 32, 34
빌립 107

ㅅ

사나타나 다르마 15
사라 76
사라스바티 23, 28
사울 87
사움 153
산상수훈 110
살라트 126, 136, 153
삼장 59
상가 58
샤리아 142~143
샤크티 33
샤하다 126~128, 136, 153
샬롬 93
성금요일 96, 117
성령 115, 117, 120
성령강림절 117
세례 요한 105, 112
솔로몬 87
수나 150~151
수니파 126, 151
수도승 58~59
수드라 19
스투파 60
시나이산 83, 85~86
시몬 107
시바 10, 23, 25~27, 33~34
시아파 126, 151
신약 99~100
십계명 99, 106
십자군 전쟁 119

ㅇ

아도나이 70
아르주나 24
아바타라 24
아우구스투스 102
안드레 107
안식일 72~73, 84, 111
야곱 77, 86
야트립 138~139
야훼 70, 84
약속의 땅 81, 85~86, 92
엠마오 115
영성체 121
예루살렘 88~90, 92, 104, 111, 113, 115, 119~120
외큐메네 123
요가 47~48, 57~58
요셉 101~102, 104~105

욤키푸르 92
우르반 2세 119
우파니샤드 29
유다 96, 107, 112~113
유월절 81, 86, 104, 112
유일신 64, 124, 128
율법 학자 98, 105, 108~111
이교도 119
이삭 76~77, 88
이스마일 130

ㅈ

자카트 153
주레 133, 146~147, 152
지하드 126, 146

ㅊ

초막절 86
총주교 121

ㅋ

카르마 18~20, 29

카바 130, 148
카스트 10, 18~20, 29~30
칼리프 151
칼릭스투스 140
코란 126, 128, 133~135, 140, 142~145, 147, 150
크리슈나 23~24, 34
크샤트리아 19, 30

ㅌ

탈무드 68~69
텐친 가초 61~62
토라 68~70, 72~73, 86
통곡의 벽 66, 89~90

ㅍ

파라오 78~82
파르바티 26, 33
파리아 19~20
팔레스타인 92
푸냐 18
푸자 18

프라자파티 23

ㅎ

하가다 81
하디스 150
하디자 129, 133, 138
하레 크리슈나 34
할례 76, 135
헤롯왕 104, 112
황금 사원 23
히나야나 59
히잡 143~144